ÉTUDES

DE

LÉGISLATIONS COMPARÉES.

DOUAI

IMPRIMERIE J. SIX

64, Rue des Ferronniers, 64

ÉTUDES DE LÉGISLATIONS COMPARÉES.

LE DROIT PAYEN

ET

LE DROIT CHRÉTIEN

PAR CHARLES CARPENTIER.

> Scriptum est: *Perdam sapientiam sapientium, et prudentiam prudentium reprobabo.*
>
> St. Paul, 1, Cor. 19.

V.

PARIS,

A. DURAND et PEDONE LAURIEL libraires, 9, rue Cujas.

Ernest THORIN, libraire, 7, rue de Médicis.

1872.

LIVRE TROISIÈME.

CINQUIÈME ÉTUDE.

DU DROIT DE REPOUSSER LA VIOLENCE PAR LA VIOLENCE, SOUS LE PAGANISME

et de

L'ABOLITION DE CE DROIT PAR LA LÉGISLATION CHRÉTIENNE.

SECTION PREMIÈRE.

DROIT PAYEN.

CHAPITRE Ier

Exposé préliminaire.

Parmi les matières les plus difficiles, les plus compliquées, et, cependant, les plus importantes à connaître, il faut citer, en première ligne, le droit de la légitime défense de soi-même et de ses biens.

C'est cette matière que nous nous proposons d'éclaircir.

Nous commencerons, dans cette première section, par exposer, avec toute la précision possible, la différence qui existe entre la *défense* proprement dite, et la *vengeance*, et nous expliquerons pourquoi, — sous l'empire des lois, — le droit de repousser la violence par la violence, pour la défense de soi-même et de ses biens, avait été laissé au pouvoir des particuliers.

Nous étudierons, ensuite, les principales législations du paganisme, avant Jésus-Christ.

Nous montrerons que, — contrairement à ce qui est admis, aujourd'hui, dans les législations modernes,—le paganisme avait accordé à chacun le droit de repousser la violence par la violence, pour la défense de soi-même, *sans aucune restriction et sans aucunes limites,* de manière que la personne qui était l'objet d'une violence quelconque pouvait toujours tuer impunément l'injuste agresseur, lors même que sa vie n'était aucunement en danger.

Nous verrons que chacun avait le même droit, pour *la défense de ses biens.*

Non seulement il était permis aux propriétaires de tuer les voleurs *de jour* surpris en flagrant délit de vol avec violences, mais il leur était encore permis de tuer les voleurs *de nuit,* partout où ils étaient surpris, dans les maisons, ou hors des maisons, dans les rues, dans les places publiques, dans les chemins, dans les champs, et alors même qu'ils ne commettaient aucunes violences.

Nous expliquerons pourquoi, — chez tous les peuples qui n'ont pas connu le Christianisme, — l'homicide commis, les blessures faites, les coups portés, *dans les combats volontaires,* n'avaient pas été considérés comme punissables.

Nous arriverons, naturellement, à parler des combats du cirque, des combats du ceste et des combats des gladiateurs, qui étaient offerts en spectacle au peuple, pour honorer la mémoire des morts, ou pour célébrer des fêtes publiques.

Le chapitre le moins intéressant ne sera pas celui où nous ferons connaître, sur toutes ces questions, les doctrines des philosophes et des moralistes qui ont précédé la prédication de l'Évangile.

A l'exception du grand Platon qui a développé quelques idées déjà indiquées dans la loi de Moyse, plus de mille ans avant la publication de ses ouvrages, nous verrons tous les écrivains payens, en parfait accord avec les législateurs de leur temps, soutenir que chacun avait le droit de repousser la violence par la violence, *d'une manière illimitée,* et que par suite, on avait toujours, dans ce cas, le droit de tuer les agresseurs et les voleurs pour la défense de soi-même et de ses biens.

Les deux sections suivantes seront consacrées à l'étude du Christianisme.

Nous reprendrons, une à une, les questions que nous venons d'indiquer, et nous montrerons combien, sur chacune d'elles, l'ancien et le nouveau Testament se sont écartés des solutions fournies par le paganisme : enfin, nous terminerons, en esquissant rapidement le tableau des progrès qui ont été accomplis, dans les législations positives, sous l'empire des idées chrétiennes, et en signalant ceux qui restent à accomplir, pour marcher dans la même voie, et s'inspirer du même esprit.

Tel est, en abrégé, le programme de cette nouvelle étude.

Nous n'avons pas besoin de dire combien il est nécessaire, pour la conduite de la vie, d'avoir des principes arrêtés et des idées nettes sur tous ces points : nous croyons, toutefois, pouvoir donner l'assurance à ceux qui ne craindront pas d'entreprendre cette lecture, que leur curiosité ne sera pas trompée.

CHAPITRE II.

De la différence qui existe entre la DÉFENSE, proprement dite, et la VENGEANCE.

Pour raisonner avec clarté sur le sujet que nous traitons, il est, d'abord, indispensable de faire disparaître une confusion qui se rencontre fréquemment sous la plume des écrivains profanes ou sacrés, étrangers à la science du droit, et même quelquefois, chez les jurisconsultes. (1)

Ces écrivains emploient tour-à-tour le mot

(1) Interdùm tamen *ulciscendi* verbo *defensio* significatur, ut Cic in orat. « Quibus te ulcisci Lacessitus possit. » (Godefroid sur le liv. 9, tit. 2. L. 45 du digeste.)

de *défense*, quand ils devraient employer le mot de *vengeance*, ou bien ils se servent de l'expression de *vengeance*, quand ils devraient employer le mot de *défense*.

Chacune de ces expressions a, néanmoins, un sens très distinct, et ne représente pas la même idée.

On peut définir la *défense*, l'acte par lequel on repousse une offense, au moment même ou l'attaque se produit : au contraire, on peut définir la *vengeance*, l'acte par lequel on tire satisfaction d'une offense, après la cessation complète et définitive de l'attaque.

Quelques exemples éclairciront encore cette définition :

Vous m'attaquez le premier, en me portant des coups ou en m'adressant des injures : je vous résiste immédiatement, en répondant à vos coups par des coups, à vos outrages par des outrages ;

C'est de la *défense* et non pas de la *vengeance*!

Au contraire, vous m'attaquez le premier, en me frappant ou en m'outrageant, mais au lieu de vous rendre *immédiatement* coups pour coups, outrages pour outrages, je laisse un certain temps s'écouler avant de repousser ces violences par des violences, et, je ne prends l'offensive que lorsque vous avez complètement cessé de m'outrager et de me frapper;

Ce n'est plus de la *défense*, c'est de la *vengeance* !

Sans doute, si l'on entend que la défense est une vengeance exercée au moment même de l'attaque, on peut dire, dans ce sens, que se défendre c'est aussi se venger; et si l'on entend que la vengeance est une défense exercée après la cessation de l'attaque, on peut dire, dans ce sens, que se venger c'est aussi se défendre, mais c'est détourner les mots de leur véritable sens.

La défense et la vengeance ont un but commun, qui est de tirer satisfaction d'une offense, mais c'est le moment auquel la satisfaction de l'offense est tirée qui sert à les faire distinguer.

Tout dépend d'une question de temps.

Tâchons donc d'employer des mots différents pour exprimer des idées différentes, et de nous servir d'une langue bien faite, dans la science du droit, comme dans les conversations du monde : Les mots sont les signes des idées, et l'inexactitude dans le choix des mots est une des principales causes des erreurs que nous commettons dans les raisonnements.

CHAPITRE III.

Pourquoi l'exercice de la vengeance avait été délégué aux juges, et le soin de la défense laissé aux particuliers.

Dès que les hommes se constituèrent en sociétés, par vivre sous l'empire des lois, ils comprirent qu'ils devaient renoncer à s'attaquer les uns les autres, sous le prétexte de se rendre justice à eux-mêmes : en effet, ces attaques auraient amené des troubles, des tumultes, des désordres, qui auraient mis la société dans un état de guerre continuelle, et perpétué tous les inconvéniens de la vie sauvage.

Il fut donc, d'abord, admis que toute espèce d'attaque, à l'aide de violences, serait interdite pour *se venger* d'une offense, ou obtenir réparation d'un préjudice éprouvé.

Ce dernier point établi, on se demanda par quel moyen ceux qui croiraient avoir à se plaindre d'une injustice pourraient en obtenir la réparation: car si le premier besoin des sociétés, c'est l'ordre, il est impossible de compter sur l'ordre, quand on ne commence pas par assurer la justice.

Il fut alors décidé que, lorsque quelqu'un des membres de la société croirait avoir le droit de se venger d'une offense, ou de demander la réparation d'un préjudice, il pourrait contraindre son adversaire à se présenter, avec lui, devant des hommes désignés d'avance à la confiance publique, par leur sagesse et leur expérience, et qui seraient chargés de statuer sur leurs différents, en s'inspirant de l'équité, de la tradition, ou de certaines règles suggérées par les nécessités des temps.

De là, l'institution des juges.

A partir du moment où les voies de fait furent interdites, et où l'exercice de la vengeance fut enlevé aux particuliers, pour être délégué aux tribunaux, on put dire que l'ordre fut fondé: le règne de la force brutale disparut, en grande partie, pour faire place au règne de la justice imparfaite et relative qui peut exister parmi les hommes, et la conservation de la paix intérieure ne dépendit plus que de la fermeté intelligente des magistrats et de l'obéissance des citoyens.

Mais si l'exercice de la vengeance pouvait être enlevé aux individus pour être délégué aux juges, pouvait-on enlever également l'exercice de la *défense* aux particuliers pour le déléguer aux tribunaux ?

Ici, la solution ne pouvait plus être la même.

Quand une personne est décidée à se *venger*, en suivant les voies régulières, c'est-à-dire en déléguant aux juges l'exercice de sa vengeance, elle peut toujours choisir l'heure qui lui convient pour agir. Ne courant aucun danger immédiat pour son corps ou pour ses biens, elle ne s'engage dans un litige que quand il lui plaît, et elle est toujours sûre d'obtenir, par l'intervention de la justice, ce qu'elle aurait pu obtenir par l'emploi de la force.

Mais, dans les sociétés où l'on n'attendait rien de la justice de Dieu, il n'était pas possible d'exiger qu'une personne, violemment attaquée dans son corps ou dans ses biens, attendît la justice des hommes, parcequ'elle aurait pu éprouver un mal *irréparable,* avant que l'agresseur fût puni.

On fut donc amené à cette conclusion que s'il est possible et même nécessaire d'enlever aux particuliers l'exercice de la *vengeance,* pour le déléguer aux tribunaux, il n'était pas possible de leur enlever l'exercice de la *défense*, et que, par conséquent, il fallait leur laisser le soin de repousser eux-mêmes la violence par la violence.

Mais, ici, d'autres difficultés se présentèrent.

CHAPITRE IV.

Du droit de repousser la violence par la violence pour la défense de soi-même: Théorie payenne.

Après avoir décidé, en principe, que chacun conserverait le droit de repousser la violence par la violence, on dut examiner, d'abord, comment on réglerait l'exercice de ce droit pour la défense de soi-même.

Fallait-il déterminer d'avance *le mode et la mesure* de la violence que la personne injustement attaquée pourrait employer pour se défendre, ou bien, au contraire, fallait-il la laisser seule juge de l'exercice de son droit, et la déclarer, dans tous les cas, irresponsable des suites de la violence qu'elle aurait exercée?

Par exemple :

Si une personne injustement attaquée pouvait se garantir suffisamment en employant une défense purement négative, fallait-il décider qu'elle serait punissable, lorsqu'elle aurait recours à des moyens offensifs, pour repousser son adversaire ? Si, pouvant maîtriser ou contenir l'agresseur, elle employait des moyens mortels ; si, pouvant échapper au danger par la fuite, elle aimait mieux courir les chances d'un combat;si, pouvant porter à son agresseur une blessure non dangereuse, elle avait poussé la violence au delà de la mesure qui était nécessaire pour écarter le péril; si, pouvant blesser l'agresseur sans le tuer, elle avait préféré le tuer, devait-elle, dans tous ces cas, être déclarée coupable, et fallait-il lui appliquer une peine quelconque ?

Hâtons nous de dire que, chez les peuples payens, toutes ces questions avaient été résolues de la même manière : Il n'y avait eu qu'une voix pour reconnaître qu'une personne injustement attaquée devait être seule juge du mode et de l'étendue de sa défense, et ne serait jamais responsable des suites que cette défense pouvait entrainer.

D'abord, il avait été admis, sans difficulté, que toute personne injustement attaquée, et menacée d'un danger *certain* pour son existence, serait toujours innocente, lorsqu'elle aurait tué son adversaire, pour sauver sa propre vie.

Il avait paru qu'elle ne devait plus garder aucun ménagement envers celui qui voulait la tuer, et qu'il était d'ailleurs impossible d'exiger d'elle qu'elle conservât une présence d'esprit suffisante pour choisir les moyens les plus propres à assurer son salut, en préservant la vie de l'agresseur.

La maxime qui consiste à dire qu'il *est permis de tuer pour ne pas être tué,* avait été universellement acceptée.

La question de savoir si la personne injustement attaquée serait également innocente, lorsqu'elle aurait tué l'agresseur, pour se défendre, *s'il n'était pas certain que son existence fût menacée,* n'était pas aussi facile à résoudre: Toutefois, il avait paru que, pouvant avoir à redouter pour sa vie ou pour son corps, *un mal irréparable,* il fallait, dans le doute, lui laisser le droit d'agir, comme si ce mal devait arriver.

En effet, des coups portés, même sans armes, et sans intention de donner la mort, ne peuvent-ils pas l'occasionner ? Ces coups n'amènent ils jamais la lésion d'un organe essentiel, la rupture d'un vaisseau, une chûte malheureuse, une foule d'accidents qu'il est impossible de prévoir, et qui peuvent avoir des suites mortelles ? Ne peuvent-ils pas, au moins, occasionner des fractures, des luxations, des blessures graves? Si l'on concède à la personne attaquée le droit de pourvoir à sa propre sûreté, parceque la société ne peut y pourvoir elle même, et que son intervention serait tardive, ne faut-il pas qu'elle puisse y pourvoir d'une manière complète? Et pourrait-elle y pourvoir d'une manière complète, si elle ne se protégeait pas aussi bien contre les dangers *éventuels* que contre les dangers *certains*.

Le législateur qui fait des lois peut prendre son temps: Il étudie, il raisonne, il calcule, il délibère, et règle d'avance la conduite de ceux auxquels il commande avec le calme du philosophe, et la précision du logicien.

Le magistrat qui juge peut remettre l'affaire au lendemain : Il recueille tranquillement les déclarations des témoins, il interroge les parties, et, loin du danger, exempt d'émotion, il cherche, avec patience, si toutes les règles prescrites ont été observées.

Leur arrive-t-il, par malheur et par impossible, de se tromper? Ils n'en souffrent ni dans leur vie, ni dans leur corps, ni dans leurs biens.

Mais une personne qui se défend n'est pas dans une situation aussi facile qu'un législateur qui fait des lois, ou un juge qui les applique.

Elle ne se trouve pas, comme eux, en présence

de faits accomplis, mais en présence d'évènements inconnus, de péripéties imprévues, de complications multiples, et dont elle ignore le dénouement : Il faut qu'elle se détermine, non d'après ce qu'elle sait, mais d'après ce qui peut arriver.

Il faut qu'elle interroge le regard de celui qui l'attaque, qu'elle suive ses mouvements, qu'elle devine ceux qu'il prépare, qu'elle profite de ses erreurs, qu'elle déjoue ses plans, qu'elle emploie tour à tour les moyens défensifs et les moyens offensifs, et qu'avant l'épuisement de ses forces, qui varient suivant l'âge, la santé et le tempérament, elle puisse assurer complètement sa conservation.

Elle ne peut prendre son temps et remettre au lendemain pour aviser.

C'est au moment même de l'action qu'elle doit réfléchir. Mais comment réfléchir dans l'émotion de la surprise, dans l'étourdissement de la frayeur, dans la précipitation de la lutte, dans le feu des évènements, qui se succèdent avec la rapidité vertigineuse de l'éclair.

Une personne qui repousse la violence par la violence n'agit pas dans toute la plénitude de son intelligence et de sa liberté : elle agit, en quelque sorte, machinalement, en vertu d'une force mystérieuse et inconsciente qui la pousse, et que sa volonté ne peut ni régler ni discipliner. (1)

Il avait donc semblé que, même lorsqu'il n'était pas *certain*, pour elle, que sa vie était menacée, la personne injustement attaquée pouvait toujours le redouter, et que, dans l'éventualité d'un mal qui pouvait être irréparable, il lui était permis de prendre ses précautions, comme si ce mal devait arriver: En un mot, il avait paru injuste et inconséquent d'accorder aux particuliers le droit de repousser eux-mêmes la violence par la violence, et de les punir, ensuite, lorsqu'ils s'étaient défendus avec trop d'ardeur ou de témérité.

Mais il y a d'autres violences qui ne sont de nature à compromettre ni la vie, ni la santé, ni le corps, ni la pudeur, et qui ne peuvent compromettre que l'honneur ou la considération.

Supposons, par exemple, qu'une personne se borne uniquement à donner un soufflet à une autre, à lui cracher au visage, à la repousser avec mépris, ou à se rendre coupable de quelques unes de ces voies de fait qui sont plutôt considérées comme des outrages que

---

(1) Réfléchir, délibérer, est dans l'essence de la justice humaine : il ne peut pas en être de même de la défense. (Rossi, tr. du dr. Pénal, t. 1, ch. 8.)

comme des coups proprements dits: Fallait-il décider, dans ce cas, que la personne attaquée n'aurait plus le droit de repousser la violence par la violence, ou que, — si ce droit lui était encore réservé, — elle ne pourrait l'exercer qu'à la condition de ne pas excéder ces limites?

On ne saurait nier que les raisons, en vertu desquelles le droit de repousser la force par la force a été laissé aux particuliers, ne peuvent plus être invoquées icî.

La personne qui reçoit des soufflets, des crachats au visage, ou d'autres voies de fait de cette nature, n'éprouve aucune altération matérielle dans son corps. Le préjudice qu'elle souffre n'est pas sans remède. Les juges peuvent intervenir utilement pour le réparer. Il n'y a donc pas nécessité actuelle et pressante, pour elle, de repousser la violence par une violence égale ou plus forte.

Une loi qui aurait fait, dans ce cas, exception au principe, aurait été utile et acceptable; elle aurait appris aux hommes qu'il y a plus de grandeur et de véritable sagesse à souffrir une injustice qu'à la faire, et elle aurait fait comprendre que les succès de la force ne peuvent rien devant la raison, la justice et le droit!

Toutefois, cette solution n'avait pas été admise ni même proposée: Il avait paru impossible d'imposer à un homme l'obligation de rester immobile et maître de lui-même devant de pareils outrages, et on ne trouve pas, jusqu'à l'avènement du christianisme, une seule législation qui ait interdit, dans ce cas, de frapper et même de tuer l'agresseur.

Que fallait-il décider pour les *injures verbales*, publiques ou non publiques?

Devait-on interdire à une persenne diffamée ou injuriée, de repousser, au moment même de l'attaque, ces diffamations ou ces injures, par des injures et des diffamations? Devait-on, au moins, décider que l'offensé devrait circonscrire sa défense dans certaines bornes?

L'antiquité, avant Jésus-Christ, ne l'avait jamais pensé. Il ne lui avait pas paru plus possible, dans ce cas, d'interdire ou de graduer les violences morales que les violences physiques.

A ses yeux, tout appel à la violence plaçait l'aggresseur en dehors des lois, et donnait à la personne offensée le droit de se considérer elle même, pour sa défense, comme dégagée de tous les devoirs sociaux. Tant que durait l'attaque, elle pouvait reprendre sa liberté naturelle pour se défendre, et elle n'était jamais coupable d'avoir, dans ce but, usé témérairement et inconsidérément de cette liberté.

Telle était la théorie païenne, en matière de défense de soi-même: Mais avant d'aller plus loin, nous devons prouver ces assertions.

CHAPITRE V.

Preuves tirées des anciennes législations.

Nous connaissons, d'une manière précise, les principes admis par les législations Indienne, Grecque, et Romaine, *avant Jésus-Christ*, sur le droit de légitime défense *de soi-même*, et nous savons, par Cicéron, que les mêmes principes étaient admis par les législations de tous les autres peuples.

Dans la Manava-Dharma-Sastra, qui forme encore aujourd'hui la base du droit Indien, et dont la rédaction paraît remonter au XIIe siècle avant notre ère, nous trouvons, d'abord, la confirmation des principes que nous venons d'exposer : « *Pour sa propre sûreté*, disait la loi; dans une guerre entreprise pour défendre des droits sacrés, et pour protéger une femme ou un brahmâne, celui qui tue justement *ne se rend pas coupable.* »

Le droit de tuer, *pour sa propre sûreté,* comprenait tous les cas où la personne attaquée pouvait se trouver en péril, d'une manière quelconque : si, en se défendant pour garantir la *sûreté de son corps,* elle tuait l'agresseur, il est certain qu'elle le tuait tout aussi légitimement que lorsqu'elle se défendait pour garantir *la sûreté de sa vie.*

Elle ajoutait : « un homme doit tuer, *sans balancer,* quiconque se jette sur lui pour le tuer, quand même ce serait son directeur, *ou un enfant,* ou un vieillard, ou même un brahmâne très versé dans la Sainte Écriture. » (1)

« Tuer un homme qui fait une tentative de meurtre, en public ou en particulier,—disait encore cette loi,— ne rend aucunement coupable le meurtrier : *c'est la fureur aux prises avec la fureur.* » (2)

C'est, comme on le voit, le droit de défense de soi-même accordé contre ceux même qui, par la faiblesse ou l'impuissance de leur âge,

---

(1) Le traducteur ajoute : « *S'il n'a aucun moyen d'échapper* » mais ce commentaire est d'une date moderne, et ne se trouve pas dans le texte primitif.— (Lois de Manou, Liv 8, St. 248 et s.) (2) Loc. cit.

ou par le caractère dont ils sont revêtus, sembleraient avoir le plus de titres à des ménagements.

L'idée qui avait inspiré la législation Indienne se retrouve, dans la législation Grecque, et, notamment, à Thèbes et à Athènes.

Dans son ouvrage intitulé *la Bibliothèque*, Apollodore raconte que la loi qui avait réglé le droit de légitime défense s'appelait, autrefois, « *la loi de Rhadamante.* »

D'après cet auteur, Hercule ayant voulu apprendre à jouer de la lyre, avait demandé des leçons à Linus, frère d'Orphée, qui demeurait, alors, à Thèbes.

Un jour, impatienté,—sans doute,—par les distractions ou les maladresses de son élève, qui montrait plus de dispositions pour les combats que pour la musique, Linus lui appliqua quelques coups: Hercule, enflammé de colère, prit sa lyre, et en frappa si violemment son maître qu'il le tua. Poursuivi devant les juges sous l'accusation d'homicide, il allait être condamné, lorsqu'il eut l'idée d'invoquer *la loi de Rhadamante*, qu'Apollodore rapporte ainsi : « que *l'homme qui a puni celui qui l'irritait par des mains injustes*, soit *innocent.* » (1)

---

(1) Ille, contra, Rhadamanthi legem recitans ejus

Ce moyen de justification fut accueilli, et Hercule fut sauvé.

Il résulte clairement de ce texte de loi, et de la manière dont elle fut appliquée, qu'à *Thèbes*, le droit de repousser la violence par la violence n'était circonscrit dans aucunes limites, et que la défense pouvait dépasser la mesure de l'attaque.

L'orateur Antiphon qui, d'après Thucidyde, ne le cédait à aucun des Athéniens, en esprit, en éloquence, et en vertu, et dont, par conséquent, le témoignage peut être d'un grand poids, l'affirmait, d'ailleurs, dans les termes les plus formels:

Il plaidait, devant les tribunaux *d'Athènes*, pour un jeune homme qui, à la suite d'une rixe, avait tué un vieillard, à coups de poings, et il disait : « si j'avais repoussé l'aggresseur avec *une épée*, avec *une pierre*, ou avec *un bâton*, je n'aurais fait, assurément, rien d'injuste ; *car les agresseurs méritent de souffrir, à leur tour, non seulement les mêmes choses, mais des choses plus grandes et plus fortes.* » (1)

---

modi: « *qui manibus injustis irritantem punierit, insons esto.* »—Et hunc in modum Hercules evasit incolumis. (Apoll. Biblioth. liv. 2.)

(1) Thucyd. liv. 8, § 27.—Agressores enim non eodem modo, sed majora et plura vicissim pati merentur....

C'est parceque ce droit paraissait très juste qu'on l'avait attribué à Rhadamante : on sait, en effet, que Rhadamante étatt un ancien roi de Lycie, si renommé par la manière dont il avait rendu la justice que, d'après la superstition populaire, Pluton l'avait nommé juge aux enfers, avec le roi d'Egine et le roi de Crète.

Démothénes n'est pas moins explicite qu'Antiphon.

Dans son plaidoyer contre *Timocrate*, il faisait remarquer aux juges, que, non seulement, d'après les lois capitales, mais d'après toutes les lois, celui qui ne faisait que se défendre, lorsqu'il était injustement attaqué, n'était jamais punissable. (1)

Dans son plaidoyer contre *Midias*, il racontait qu'à Samos, l'athlète Sophile avait *tué* le

---

nàm justè eadem non tantùm, sed etiam majora et plura rependentnr. (Antiph.—tetralog. III, edit. Firm. Didot.—)

(1) Videtis enim in omnibus, non in capitalibus tantùm legibus, ità esse scriptum : si quis, inquit, pulsârit quempiam, *non lacessitus injuriâ*, quia, *si se defenderit, non peccat.* (Ed. Firm. Didot § 44.—

Samuel Petit, traduit cette loi ainsi : « si quis injustè vim inferentem incontinenti necassit, jure cæsus esto » (Rec. des L. attiques.)

Nous en donnerons le texte Grec, au ch VII.

lutteur Euthyne, parcequ'il l'avait frappé avec une intention outrageante, et il ajoute qu'Evéon, frère de l'orateur Léodamas, avait *tué* Bœotos, dans un festin, au milieu de ses amis, parcequ'il avait reçu *un seul coup.*

Cette conduite lui semblait, d'ailleurs, très légitime, « parcequ'un homme d'honneur,— disait-il,—ne devait pas recevoir de pareils outrages sans que sa fureur éclatât. »

L'état de la législation Romaine sur le droit de la défense de soi-même, *avant Jésus-Christ,* nons a été transmis, avec la plus grande exactitude, par Cicéron.

Dans son plaidoyer pour *Milon*, l'orateur romain expliquait que, ni dans la loi des XII Tables, ni dans aucune des lois postérieures, il n'y avait un texte précis qui autorisât à repousser la violence par la violence, mais que ce droit était enseigné *par la nature,* et reconnu par *la loi non écrite.*

Tout moyen est bon, disait-il, pour assurer notre salut.

Et il ajoutait ces paroles, qui sont encore aujourd'hui dans toutes les bouches: « les lois se taisent au milieu des armes, et ne nous ordonnent pas d'attendre leur secours, parceque celui qui l'attendrait serait victime de l'injustice, avant que la justice pût le secourir.

Il résumait ainsi sa plaidoierie :

« Si c'est une loi que la raison fait aux hommes instruits, la nécessité aux barbares, *la coutume aux nations*, la nature même aux bêtes sauvages, de repousser toujours,*par tous les moyens possibles*, toute espèce de violence, de *leur corps*, de leur tête, de leur vie, vous ne pouvez pas nous condamner. » (1)

Quant au droit de repousser des injures par des injures, — sans distinguer si ces injures étaient publiques ou non publiques, — nous pouvons dire qu'il n'avait pas été mis en question avant Jésus-Christ.

Vespasien disait :

« Il n'est pas permis de dire des injures à un sénateur, mais il est permis et conforme au droit civil *de lui en répondre*. » (2)

Nous n'avons pas besoin de nous occuper des législations des autres peuples sur le droit de légitime défense de soi-même, puisque

---

(1) Sin hoc et ratio doctis, et necessitas barbaris, et *mos gentibus*, et feris natura ipsa prescripsit, ut omnem semper vim, quâcumque ope possent, *à Corpore*, à capite, à vitâ suâ propulsarent, non potestis hoc facinus improbum judicare. (Cic. Pro mil. §§ 4, 5 et 11.)

(2) Non oportere maledici senatoribus, remaledici civile fas que. (Suétone, vie de Vesp. § 9.)

Cicéron nous atteste que les principes qu'il a développés étaient admis *par toutes les nations de son temps,* et il suffirait, d'ailleurs, de parcourir les Pandectes et le code de Justinien pour voir que, près de six siècles après Cicéron, ces principes n'avaient pas encore subi de modifications bien sensibles. (1)

Il est donc prouvé, — et c'est en cela que consiste tout l'intérêt de cette thèse, — qu'avant le christianisme, — les législateurs n'avaient pas encore songé à enchaîner le droit de légitime défense *de soi-même* dans de certaines bornes, à dire que la défense devait être proportionnée à l'attaque, et à déclarer que ceux qui étaient injustement attaqués n'auraient le droit de tuer impunément l'agresseur, que lorsque leur vie serait en danger.

Comment avaient-ils réglé le droit de la *défense de ses biens?*

C'ést ce que nous expliquerons dans les chapitres suivants.

---

(1) Pandectes, liv. 1, tit. 1, loi 3.—liv. 48, loi 1, § 4. —code liv. 9, tit. 16, loi 2.

CHAPITRE VI.

Du droit de repousser la violence par la violence, pour la défense de ses biens : Théorie payenne.

Lorsque les propriétaires ne découvraient un vol commis à leur préjudice, qu'un certain temps après la consommation de ce vol, il n'était pas possible de leur permettre d'attaquer ceux qui les avaient dépouillés, parceque ces attaques auraient troublé l'ordre, et qu'il avait été reconnu que l'exercice de la vengeance devait être délégué aux juges.

Mais que fallait-il décider, lorsque les propriétaires surprenaient les voleurs *au moment même où ils les dépouillaient, en employant la violence* ? Fallait-il leur permettre *de défendre* leurs biens *par la violence*, comme leur corps et leur vie, et de frapper, de blesser, ou même de tuer ces voleurs ?

Cette question n'avait fait aucun doute.

Dans les sociétés primitives, où la propriété individuelle avait été fortement constituée, la conservation des biens devait être assurée, par les lois, avec autant d'énergie que la conservation même de l'existence : à cette époque surtout celui qui n'avait rien n'obtenait rien, et, quand il perdait ce qui lui appartenait, il perdait en quelque sorte les moyens de vivre.

On s'était donc laissé guider, pour autoriser la défense de ses biens,par les mêmes principes qu'on avait admis, pour autoriser la défense de soi-même.

Lorsque, *sous les yeux des propriétaires*, les voleurs pénétraient dans une maison, brisaient les placards, crochetaient les tiroirs, et s'emparaient de ce qu'ils trouvaient; ou bien,—par exemple,—lorsqu'ils arrêtaient un attelage dans une route, dételaient les chevaux, fouillaient la voiture,et montraient par leurs menaces,ou par leur attitude, qu'ils étaient résolus à ne reculer devant aucune extrémité, pour assurer l'exécution du vol; dans ces cas et d'autres analogues, on avait permis aux propriétaires de tuer ou de blesser les voleurs, parceque,—disait-on,—s'ils ne surmontaient pas immédiatement la violence par la violence, la perte de leurs biens pourrait être irréparable.

On avait fait les mêmes raisonnements pour le cas où le vol était commis *pendant la nuit.*

En effet, disait-on, comment serait-il possible d'arrêter les voleurs, s'ils prenaient la fuite, au milieu des ténèbres ? Où trouverait-on du secours pour les faire arrêter, quand les habitants sont rentrés dans leurs demeures, et que les alentours sont déserts ? Comment pourrait-on retrouver l'objet volé, si les voleurs parvenaient à le faire disparaître ? Dans tous ces cas, la perte, pour les propriétaires, serait encore *irréparable.*

On avait donc admis, que si le vol était commis *pendant la nuit,et dans un lieu quelconque,* les propriétaires auraient toujours le droit de défendre leurs biens *par la violence,* et de tuer impunément ceux qu'ils prendraient en flagrant délit.

Lorsque les propriétaires surprenaient, *pendant le jour,* des voleurs qui n'employaient *aucunes violences,* ils ne couraient aucun danger de perdre leurs biens, puisqu'ils pouvaient les arrêter immédiatement, ou les faire arrêter, et n'avaient pas de luttes à soutenir, pour faire respecter leurs droits : En conséquence, on ne s'était pas expliqué sur ce point.

Mais il résultait de ce silence une conséquence très facheûse, et qu'il est facile de saisir.

C'est que les propriétaires, — qui, dans ce cas, tuaient ou blessaient les voleurs, — n'étaient pas condamnés, parce qu'on ne pouvait se résoudre à considérer comme des criminels ceux qui n'avaient fait que défendre leurs biens.

Cet abus existait partout, et existe encore dans tous les pays où les législateurs n'ont édicté aucune loi spéciale pour punir les mauvais traitements contre *ces sortes de voleurs*.

Tels étaient les principes qui avaient prévalu dans toutes les législations payennes, avant Jésus-Christ : Il nous reste à prouver ce qui vient d'être dit.

CHAPITRE VII.

Preuves tirées des anciennes législations.

Commençons par les voleurs avec violences.

La loi indienne disait : « L'action de prendre une chose par violence, *sous les yeux du propriétaire,* est un brigandage. (1)

Cette définition est encore exacte.

Si nous lisons le plaidoyer de Démosthène contre Aristocrate, nous voyons que, chez les Athéniens, les propriétaires avaient le droit de tuer les *brigands*, ou les voleurs qui volaient, *sous leurs yeux,* avec violences.

La loi qui leur conférait ce droit était conçue dans ces termes :

---

(1) Lois de Manon, liv. 8, St. 332.

« Si quelqu'un, en résistant aussitôt, tue celui qui enlevait ou entraînait *(quelque chose)* par violence et injustement, il sera tué impunément. » (1)

Il ressort clairement de ces expressions qu'il était permis, à Athènes, de tuer, *pour la défense de ses biens*, les voleurs qui employaient la violence d'une manière quelconque, et sans attaquer directemem les personnes.

Du reste, Démosthène donne lui-même, sur ce point, des explications qui doivent trouver forcément leur place ici :

« Voyez, je vous prie, dit-il, la sagesse de cette disposition.... après avoir cité un cas où il est permis de tuer, le législateur ajoute ces mots : *sur le champ,* ne voulant pas, sans doute, qu'on ait le temps de la réfléxion. Par ces mots, *en résistant,* il annonce que c'est à celui qui est lésé, et non pas à un autre, qu'il permet de tuer....mais, au nom des Dieux, s'écrie-t-il, ensuite, n'est-il pas révoltant, n'est-il pas contraire, non seulement aux lois écrites, *mais à la loi commune de tous les hommes, qu'il ne me*

---

(1) Εαν φεροντα ἢ αγοντα βιᾶ αδικώσ
Si auferentem aut adducentem vi injustè
ενθυσ αμυνομενοσ κτεινῆ, νηποινει τεθνᾶναι.
Statim defendens occidat, impunè occisum esse.
(Démosth. C. Aristocr. Ed. F. Didot.)

soit pas permis de défendre mes biens, contre celui qui les pille, avec violence, à la manière des ennemis? » (1)

On voit que Démosthène n'avait aucun doute sur la justice et l'universalité de cette loi.

Mais s'il est contraire à la loi commune de tous les hommes qu'il soit interdit de tuer les voleurs qui volent à force ouverte, nous devons retrouver, *dans le droit Romain*, une disposition pareille à cette loi *d'Athènes*.

Interrogeons, d'abord, la loi des XII tables.

Après avoir dit que les voleurs *de jour* seraient fustigés, livrés à titre d'esclaves à ceux qu'ils avaient volés, et même précipités de la Roche Tarpéienne, lorsqu'ils étaient de condition servile, la loi ajoutait : « s'ils se défendent avec une arme, et qu'ils soient tués, qu'ils soient tués à bon droit. » (2)

La loi suppose que le propriétaire, après avoir surpris le voleur *de jour*, au moment où il vient d'appréhender la chose, l'attaque immé-

---

(1) Annon indignum est, et legi manifestè contrarium, non solum scriptæ, sed et communi omnium hominum, qui *meas res* vi, hostili more, deprædatur, eum non licere mihi ulcisci...

(Démosth. C. Aristocr.—Ed. F. Didot.)

(2) Si se telo defensint, et cæsi escint, sine fraude estod. (Table IV.) Dig. 42, 2, liv. 54, de Furtis.

diatement pour reprendre ce qui lui a été volé, et décide que si ce voleur lui résiste, en faisant usage d'une arme quelconque, il pourra le tuer impunément. (1)

Mais de quels voleurs la loi des XII tables entendait-elle parler ? Etait-ce des voleurs à force ouverte, ou des voleurs par ruse ?

Expliquons nous, sur ce point.

Denys d'Halycarnasse et Quintilien nous apprennent qu'un grand nombre de mots latins avaient été empruntés à la langue grecque, et notamment au dialecte Etolique. Aulu-Gelle, qui partage leur opinion, s'exprime en ces termes : « ce que les grecs appellent actuellement κλεπτῆσ (voleur) leurs ancêtres le nommaient φῶρ, et par l'affinité des lettres, les latins en ont formé le mot *fur.* » (2)

Le *fur*, dit le jurisconsulte Paul, est celui qui soustrait la chose d'autrui *par ruse*, et le *furtum*, (ajoute le même jurisconsulte) est la

---

(1) « Cela fait voir manifestement,—dit Puffendorf, —qu'il est permis de tuer *pour sauver ses biens.* » (Liv. 2, ch. 17.)

(2) Vocabula latina plurima sunt ex græcis orta... (quintil. instit. orat. ch. 6.) Denys d'Halic. (liv. 1, § 82.) —Aulu-Gelle (liv. 1, ch. 18.) Digest. (liv. 47, tit. 2, loi. 1, de furtis.)

soustraction *frauduleuse* de la chose d'autrui dans le but de se l'approprier. » (1)

Il est à remarquer que dans toutes les dispositions où elle s'occupe des voleurs, la loi des XII tables ne se sert que des mots *fur* et *furtum*: Il paraît donc bien certain que le texte ci-dessus transcrit ne s'appliquait qu'aux voleurs *de jour*, surpris au moment où ils commettaient une soustraction *frauduleuse*, et qui étaient attaqués par les propriétaires.

Mais le droit de tuer les voleurs avec violences était autorisé, à Rome, en vertu du droit naturel non écrit, ou, comme le disait Démosthène, en vertu *de la loi commune à tous les hommes*: c'est ce qui résulte clairement du plaidoyer de Cicéron pour Milon. (2)

Venons aux voleurs *de nuit*.

Démosthène, dans une de ses harangues contre Timocrate, nous a transmis, non pas seulement le sens et le commentaire, mais le texte même d'une loi de Solon, qui était conçue en ces termes :

« Si quelqu'un, *pendant la nuit*, vole, *quoi-*

---

(1) Fur est qui *dolo* rem alienam contrectat.. (Paul, sent, liv. 2, tit 31, § 1.)—Furtum est contrectatio rei *fraudulosa*. (Dig. liv. 47, tit. 2, de furtis.)

(2) Insidiatori aut *latroni*, quæ potest inferri injusta nex ? (Cic. Pro Mil. § 4 et suiv.)

que ce soit, on pourra le tuer ou le blesser, *en le poursuivant,* ou,—si on le veut,—l'amener devant les onze. » (1)

Cette loi est, assurément, aussi claire et aussi nette que possible :

Elle donnait,—comme on le voit,—le droit de tuer le voleur *de nuit,* partout ou il commettrait le vol, *qu'elle que fut la valeur de l'objet volé,* et même d'attaquer le voleur, quoi qu'il eût déjà pris la fuite, sans attaquer lui-même ou menacer personne.

Voyons, maintenant, si cette loi, qui existait en Grèce, existait à Rome, à quelle époque, et quelle était sa rédaction?

Solon est mort environ 600 ans avant Jésus-Christ, et c'est l'an 302 de la fondation de Rome, correspondant à l'année 450, *avant l'ère chrétienne,* que les députés Romains se rendirent en Grèce, pour étudier, sur les lieux, les lois et les institutions de cette contrée.

On sait que les lois de Solon étaient écrites

---

(1) Εαν δε τισ νυκτῶφ ὀτιοῦν χλεπτοι εξειναι
Si quis noctu quodcumque surripiat licere
χαι αποχτειναι χαι πρῶσαι διωχοντα.
et occidere et vulnerare insectando.

(Edit. F. Didot, n° 180.)

sur des tables de bois, de forme quadrangulaire, exposées aux regards du public : on voyait encore ces tables, dans le *Prytanée*, du temps de Polèmon de Troie, portant des inscriptions sur tous les côtés. (1)

Il est donc certain qu'en arrivant à Athènes, les députés Romains virent cette loi, qui était en vigueur depuis plus d'un siècle.

Eh bien ! nous croyons pouvoir dire, sans craindre de nous tromper, que les décemvirs, chargés de la rédaction de la loi des XII tables, copièrent, presque mot pour mot, cette loi de Solon.

Nous savions bien déjà par Cicéron, Sénéque le Rheteur et Aulu-Gelle, qu'il y avait une loi des XII tables qui permettait de tuer le voleur *de nuit*, de *quelque manière que ce fut*. (2)

Mais il existe un autre écrivain latin, cité comme l'un des plus savants et des plus érudits de son siècle, et qui a pris la peine de nous transcrire les paroles mêmes, écrites sur l'une

---

(1) Solonis leges in ligneis erant axibus scriptæ ; hi vero quadranguli formâ erant : servantur adhuc in prytaneo, in omnibus lateribus inscripti. (histor. græcr. script. Edition F. Didot, t. 3, p. 13, 1.—fragm. Polemon, Iliensis)

(2) XII Tabulæ nocturnum furem *quoquo modo*, interfici voluerunt. (Cicer. pro. milone, § 12) — Sénèque, Declamat. X — Aulu-Gelle, liv. 2, ch. 18. —

des tables de bronze exposées dans le forum, en conservant, à peu près, l'orthographe du temps.

Macrobe, dans ses *saturnales*, après avoir fait remarquer que, dans les XII tables, les décemvirs avaient mis d'une manière très inusitée *nox* pour *noctu*, ajoute : *voici le texte... (hæc sunt verba !)*

« Sei nox. fvrtvm. esit. im. occisit. iovre. caisvs esto. » (1)

Ce qui veut dire : « si le vol a été fait pendant la nuit, et qu'il ait tué, (le voleur), qu'il soit tué à bon droit.»

C'est le laconisme du style lapidaire, et l'orthographe de la langue primitive, mais c'est presque la même structure de phrase que celle que nous avons remarquée dans la loi de Solon; c'est incontestablement le même sens, et il semble qu'on n'ait voulu éliminer de la formule Grecque que les expressions qu'on pourrait y suppléer aisément, par la réflexion.

Une si remarquable coïncidence ne saurait être l'œuvre du hazard, et ce rapprochement suffirait pour faire reconnaître,—non seulement l'étroite parenté de la législation décemvirale avec la législation athénienne, —mais

---

(1) Saturn. liv. 1, Sat. 4.

encore la réalité de la mission donnée à des députés Romains de recueillir les lois de la Grèce.

Aucun des auteurs ci-dessus cités n'a laissé entendre que, d'après la loi des XII tables, avant de tuer le voleur de nuit, il fallait commencer par crier,—ce qui n'était pas exigé par la loi grecque.

Cependant, s'il fallait en croire le jurisconsulte Gaïus, dont on trouve un fragment au digeste, la loi des XII tables n'aurait permis de tuer un voleur surpris, pendant la nuit, qu'à la condition d'appeler au secours, ou de crier. (1)

Nous croyons, avec les interprètes, que cette addition est une interpolation de Tribonien, mais nous n'entreprendrons pas de le prouver : En effet, quand il serait démontré qne, pour être considéré comme innocent, le meurtrier du voleur *de nuit* devait crier, avant de tuer, il n'en resterait pas moins vrai qu'il était permis, à Rome, de tuer les voleurs de nuit comme en Grèce, et c'est le seul point que nous entendons constater.

---

(1) Ut tamen id ipsum cum clamore testificetur. digest.—liv. 9. tit. 2, l. 4 ad leg. Aquil.

En résumé, — chez les payens avant Jésus-Christ, — on avait le droit de tuer pour *la défense de ses biens*, comme pour *la défense de soi-même*. (1)

(1) Quoad licentiam occidendi furis, remansit semper pristinum jus. (Pothier, comm. sur les XII tables.)

CHAPITRE VIII.

Du droit de tuer, de blesser et de frapper. dans les combats volontaires : Théorie payenne.

Il y a des offenses dont on ne peut pas se plaindre aux juges, et qui peuvent, cependant, causer un préjudice considérable à ceux qui les reçoivent : Fallait-il, dans ce cas, interdire à la personne offensée d'en demander réparation par la violence, et décider que ceux qui tueraient, blesseraient, ou frapperaient leurs adversaires, *dans des combats volontaires*, seraient punis ?

Pour connaître, d'une manière exacte, la pensée du paganisme sur cette question, prenons un jurisconsulte, vivant dans une des parties quelconques du monde antique, avant Jésus-Christ, et interrogeons le.

—D'après les lois et les religions de tous

les peuples, — nous dirait ce jurisconsulte, — nous pouvons nous *vendre*, et transférer à l'acheteur *le droit de vie et de mort*, que nous avons sur nous mêmes. Lorsque nous voulons nous tuer, nous pouvons charger nos amis, nos parents, nos esclaves, de nous préparer le poison, d'aiguiser nos épées, de percer nos poitrines, et jamais ceux qui nous aident à nous tuer, ou qui nous tuent, dans ces conditions, ne sont condamnés. Puisque nous pouvons donner un consentement valable, pour disposer ainsi de notre corps et de notre vie, dans le cas de vente de nous-mêmes, et que ni *la coopération active au suicide*, ni *les suicides conventionnels*, ne sont punissables, chez nous, je ne vois pas pourquoi nous ne pourrions pas donner un consentement valable, pour nous faire tuer, blesser ou frapper, *dans des combats volontaires*, si nos adversaires sont les plus forts ou les plus habiles? Pour que ce consentement ne fût pas valable, il faudrait qu'il nous fut démontré que nous ne *nous appartenons pas à nous mêmes*, lorsque nous sommes de condition libre, et, jusqu'à présent, cette démonstration ne nous a pas encore été faite.

—Il faut bien le concéder : Du moment que vos lois et vos religions admettent que l'homme *s'appartient à lui-même*, il n'y a plus de raison pour que la vie humaine ne soit pas l'objet d'un contrat. Vous admettez donc, aussi, qu'il est permis de se battre, non seulement pour vider des querelles particulières, mais pour toute autre cause?

— Sans doute!

Vous pourrez *acheter* des hommes, et les contraindre à combattre les uns contre les autres, en aussi grand nombre que vous voudrez, et vos lois devront reconnaître la légitimité de pareils actes?

— C'est encore vrai!

Nous *achetons* dans les marchés publics, où bien nous choisissons, parmi nos esclaves, les plus vigoureux et les plus féroces; nous les faisons instruire par des maîtres d'escrime, dans nos écoles publiques, et quand ils sont suffisamment préparés, nous les mettons aux prises les uns contre les autres. Voulons nous honorer la mémoire des morts? nous les faisons combattre, en présence de nos amis et de nos parents assemblés, autour des bûchers funèbres ou des tombeaux. Nous convient-il de célébrer des victoires, ou des fêtes publiques? nous les envoyons se faire égorger dans nos cirques et dans nos amphithéatres, pour amuser le peuple? nous les faisons même combattre jusque dans nos demeures, en présence de nos convives, afin de les distraire. C'est un droit que personne ne s'est avisé de nous contester, parce que ce serait contester le droit de propriété de l'homme sur l'homme, et le droit de vie et de mort sur les esclaves, et c'est précisément sur ces droits que repose, en grande partie, l'édifice de notre civilisation.

—Avouez, au moins, que vous êtes cruels ?

—Dites, plutôt, que nous sommes courageux !... c'est, pour apprendre aux citoyens le mépris de la douleur et de la mort, que nous donnons *les combats du cirque*, et il n'y a pas de livres de philosophie qui soient aussi salutaires que de pareils spectacles.

Telles seraient les réponses que nous trouverions dans la bouche de tous les hommes éclairés, avant Jésus-Christ, si nous pouvions les entendre, et ces réponses nous expliquent pourquoi, sous l'empire des législations du paganisme, l'homicide commis, les coups portés, les blessures faites, dans les combats volontaires, en général, n'étaient pas considérés comme punissables.

Nous allons maintenant justifier cette théorie par l'histoire.

CHAPITRE IX.

Preuves tirées de l'histoire ancienne.

Nous ne nous arrêterons pas aux combats singuliers de Ménèlas et de Pâris, d'Etéocle et de Polynice, de Turnus et d'Enée, des Horace et des Curiace, et à quelques autres encore que nous pourrions citer. (1)

Nous nous occuperons,—immédiatement,— des combats du Ceste et des combats des Gladiateurs, parcequ'ils ne sont pas aussi connus.

Les combats du ceste remontent à l'antiquité la plus reculée.

A cette époque, il n'était pas rare de voir

(1) Homère. Iliad. l. 3.—Euripide, Phéniss.—Virgile, Enéid.l. XI.—Ego ter et vicies cum hoste per provocationem pugnavi. (tit. lève l. 45, § 39.)

des personnages illustres, les mains couvertes d'énormes gants de cuir plombé, descendre dans l'arène, se provoquer au combat, s'attaquer à coups de poings, se briser les machoires, s'enfoncer la poitrine, et se fracasser les os, pour célébrer les funérailles des morts, ou seulement pour honorer leur mémoire.

C'est ainsi que, du temps de la guerre de Troie, Homère nous montre le sage Nestor se vantant d'avoir été vainqueur dans les combats du *ceste*, aux funérailles du roi Amaryncée, et nous fait assister à un terrible pugilat entre Epéus et Euryale, pour célébrer les funérailles de Patrocle. (1)

C'est ainsi encore qu'à l'époque du débarquement d'Enée dans la Sicile, Virgile nous montre Entelle et Darès, combattant à coups de poings, — avec fureur, — pour honorer la mémoire d'Anchise, dont on venait de retrouver le tombeau. (2)

Plus tard, les combats du ceste prirent une place importante dans les jeux publics.

---

(1) Penitùs ei corpus disrumpam et ossa confringam. —Labantibus pedibus, cruorem que crassum exspuentem, caput que jactantem (Iliade, ch. 23, ed. F. Didot)

(2) Hæc germanus Eryx quondàm tuus arma Gerebat;
Sanguine cernis adhùc fractoque infecta Cerebro.
(Virgil. enéid, l. 5, v. 390 et s.)

Toutes les villes Grecques étaient remplies de statues élevées en l'honneur des vainqueurs dans les jeux gymniques ; les poëtes chantaient leur gloire; Pindare écrivait ses olympiques, ses isthmiques et ses néméennes, pour transmettre leurs noms à la postérité, et les combats du *ceste* faisaient partie des jeux gymniques !

Ces combats ne tardèrent pas à être introduits dans l'Italie.

On sait que le fils du corinthien Démarate était venu s'établir à Rome, du temps d'Ancus-Martius, et qu'il s'y était tellement distingué, par sa bravoure et ses richesses, qu'il avait été proclamé roi, sous le nom de *Tarquin-l'ancien*, vers l'an 614 avant Jésus-Christ.

Tarquin-l'ancien avait introduit, dans sa nouvelle patrie, plusieurs coutumes de la Grèce, et l'histoire raconte qu'à l'occasion de son avènement au trône, il donna des courses de chevaux et des combats *du ceste* : on fut tellement enthousiaste de ces combats qu'on les appela *les grands jeux,* ou les jeux Romains, et qu'ils devinrent annuels. (1)

Rome, encore ici, copia la Grèce.

Les combats *des gladiateurs,* dont l'origine

---

(1) Ludicrum fuit equi, *pugilesque*, ex Etruriâ maximè acciti. (tit. liv. l. 1, § 35.)

est également fort ancienne, étaient encore plus recherchés que les combats *du ceste.*

Ils furent introduits, pour la première fois, à Rome, par Marcus et Junius-Brutus, pour honorer les cendres de leur père, et ce spectacle, dit Tite-live, fut accueilli dans la ville « *avec une faveur extrême.* » (1)

On commença, d'abord, par faire combattre quelques couples pendant un jour ; on en fit ensuite combattre par douzaines et même par centaines, pendant plusieurs jours: ainsi, par exemple, à l'occasion de la mort de Valerius Lavinus, on en fit combattre vingt-cinq couples pendant quatre jours; on en fit combattre trente-sept couples, pendant trois jours, aux funérailles du père de Tiberius Flaminius, et soixante couples, aux funérailles de Licinius.

Sur les côtes de l'Espagne, à Carthagêne, Scipion l'Africain donna un combat de gladiateurs dans lequel on vit paraître, les uns contre les autres, des princes du pays, et d'autres personnages de distinction ; il s'y trouva même deux cousins germains, appelés Corbis et Orsua, qui se disputaient la souveraineté d'une ville,

(1) Nescio quâ pietate, defuncti patris cineres honoraturi, gladiatorum munus ediderunt, *magno favore civitatis.* (Tit-liv. l. 16 § 42)

et qui prirent ce moyen pour terminer leur différend. (1)

A mesure que l'on avance dans l'histoire Romaine, on remarque que la passion des combats de gladiateurs devient de plus en plus ardente, et que le nombre des combattants s'accroit dans les amphithéatres.

Lorsqu'il célébra la dédicace du Forum et du Temple de *Vénus,* Jules César changea toutes les traditions reçues jusqu'à cette époque. Il fit combattre des gladiateurs, non plus un à un « *selon la coutume* » mais plusieurs à la fois, et de différentes manières: Il fit combattre des hommes à cheval contre des hommes à cheval, et des hommes à pied contre des hommes à pied; des groupes en nombre égal se précipitaient les uns sur les autres ; quelques uns combattaient sur des éléphants; d'autres étaient montés sur des vaisseaux qui évoluaient dans d'immenses bassins; et, dans ces effroyables mêlées, sur ce sol détrempé de sang, parmi ces monceaux de cadavres, on comptait des chevaliers Romains, des fils de prêteur, et jusqu'à des sénateurs! (2)

---

(1) Tite-liv. l. 31, § 50—L. 41, § 28, l. 29, § 46—liv. 28, § 21.

(2) Dion-Cassius, liv. 43, §§ 22, 23, 24.

Dans son testament, connu sous le nom de *monument d'Aneyre*, Auguste se vantait d'avoir fait combattre environ *dix mille gladiateurs !*(1)

Allons jusqu'à Titus.

Lors de la dédicace de l'amphithéâtre et des bains qui portent son nom, Titus donna des spectacles nombreux et merveilleux.

Neuf mille animaux environ furent égorgés.

Beaucoup d'hommes, dit l'historien Dion-Cassius, se firent *gladiateurs*. Beaucoup aussi luttèrent, *en troupes,* sur terre et sur mer. Après avoir rempli tout à coup d'eau cet amphitéatre, on vit paraître, sur des vaisseaux, des hommes qui engagèrent un véritable combat naval. D'autres se battirent dans le bois de Caius et Lucius. Là, le premier jour, il y eut combat *de gladiateurs,* et massacre de bêtes ; le troisième jour, combat naval de trois mille hommes, et encore combat sur terre : « *on eut, pendant cent jours, ces sortes de spectacles, sous les yeux.* » (2)

Suétone et Tacite disent qu'on faisait combattre même des *femmes,* afin, sans doute, que

---

(1) Pluriens munus gladitorium dedi meo nomine, et quinquiens filiorum meorum, et nepotum nomine : quibus muneribus pugnaverunt circiter decem millia. (4e colonne).

(2) Dion-Cassius, liv. 66, § 25.

leurs cris et leurs agonies procurâssent des jouissances plus délicates aux sens blasés.

L'altération du sens moral était si profonde et si générale, dans les sociétés payennes, qu'il était devenu de mode, chez les grands et chez les riches, de donner des combats de gladiateurs, *après les repas*, comme on donne, aujourd'hui, des représentations dramatiques et des concerts. Etendus, à la manière antique, autour des tables, sur des lits incrustés d'argent ou d'écailles, le front ceint de couronnes de fleurs, au milieu des molles vapeurs de l'ivresse, les convives savouraient toutes les horreurs de la mort, en regardant des infortuués s'acharner les uns sur les autres, se déchirer, se couvrir de sang et de blessures, et expirer, à leurs pieds, sur les pavés des mosaïques. (1)

---

(1) Præter funus et religionem, etiam *voluptatis causâ*, dati gladiatores. (just. Lipse, saturn. ch. 9). (Philostrate, vie d'appoll. de Tyâne, L. 4. ch. 22). — Nec virorum modo pugnas, sed et feminiarum.—(Suet. vie de Domit § 4).—Tacite, ann. L. 15 § 22.

— Et luxus provecti sunt uti convivios vocarent ad paria gladiatorum. (Strab. liv. V ch. 10)—quod spectaculum inter epulas erat. (Tit. Liv. L. 9.) Super cænam digladiantur, (Just. Lips. Saturn. (L. 1. ch. 6.)—Gladiatores antè convivium pugnantes, frequenter exhibuit. (Lamprid sur Commode. (Silius itat Liv. XI).

Les combats de gladiateurs, comme les combats du ceste, se maintinrent, sans interruption, dans la Grèce, dans l'Italie, et dans une grande partie du monde ancien, jusqu'aux premiers siècles du christianisme.

Quant aux combats de peuple à peuple, nous n'en parlons pas : Il serait, au moins, superflu d'invoquer les témoignages de l'histoire pour établir que, *d'après les lois Payennes*, ceux qui tuaient ou blessaient, dans ces combats, étaient complètement innocents.

CHAPITRE X.

Opinion des philosophes et des moralistes antérieurs à Jésus-Christ, sur ces questions.

Nous venons de passer en revue les principales législations des peuples payens antérieurs à Jésus-Christ : maintenant, il serait curieux de savoir ce que les grands hommes de tous les pays, qui vivaient durant la même période, ont pensé sur les mêmes questions.

Ont-ils été plus éclairés que les législateurs?

Examinons :

Vers l'année 362, avant Jésus-Christ, mourait, — à l'âge de 109 ans, — un écrivain qui résumait en lui toute la science de l'Orient. Il avait étudié la théologie et l'astronomie sous des mages, que lui avait donné le roi Darius ;

Il avait visité les savants de la Chaldée, les prêtres de l'Egypte, les Gymnosophites de l'Inde. Il avait composé des traités sur la morale Babylonienne, et l'on dit qu'il avait joint à ses écrits l'interprétation des Hiéroglyphes gravés sur la colonne d'Acicarus. Aussi, s'écriait-il avec orgueil : « parmi les hommes de mon temps, c'est moi qui, pénétrant jusque chez les peuples les plus reculés, *pour en étudier les traditions,* ai parcouru le plus de contrées ; moi qui ai entendu le plus d'hommes érudits ; pas un ne m'était comparable pour disposer des digues, et résoudre des problèmes: Pas un, même parmi les Egyptiens nommés Arpédonaptes ! j'ai vécu, comme hôte, pendant 80 ans, avec ces différents sages. »

Faut-il nommer cet écrivain?

C'était Démocrite d'Abdère, que Cicéron lui même appelait *un des princes des philosophes.*

Les ouvrages de Démocrite ont été perdus ; mais il en reste un fragment qui nous a été conservé par Stobée, et où reparaît tout l'esprit de l'antiquité. « Quant au meurtre permis ou non permis des animaux, voici, (disait-il), ce qu'il faut en penser: *quiconque tuera ceux qui font injure ou veulent la faire, sera innocent.* Bien plus, il sera mieux de les tuer que de ne pas les tuer..... ce qui vient d'être dit pour les bêtes sauvages et les serpents, il me semble qu'il est permis de le faire *contre les hommes*. Car, chez tous les peuples, en vertu des lois nationales, on peut tuer les ennemis, à moins qu'il n'y ait une loi qui le défende. Si quelqu'un tue *un ravisseur ou un voleur,* par sa propre main, ou par son ordre, ou par son suffrage, il doit être considéré comme *innocent.* » (1)

Comme on le voit, par cette traduction textuelle, Démocrite ne faisait aucune distinction entre les bêtes sauvages qui attaquent les hommes, ou les hommes qui attaquent leurs semblables. Pour lui, les hommes qui font du mal, ou menacent d'en faire, ne méritent pas d'être traités autrement que les animaux. Il trouvait même qu'il valait mieux les tuer que de ne pas les tuer.

Assurément, ce n'est pas ce prince des philosophes qui aurait fait avancer la science du droit, sur ces matières, et on peut dire qu'il ne s'est pas écarté des idées de son temps.....

Parmi les philosophes grecs, Platon est le seul qui se soit occupé spécialement du droit de la défense de soi-même et de ses biens.

Il admettait, sans difficulté, qu'on avait le

(1) Philosophorum principes, Pythagoram, *Democritum* (Cic. de Senect. § 7). St.-Clément d'Alexand. — (Stromates, Liv. 1, ch. 15. Latronem et furem quemvis occidens aliquis aut manu suâ..... innocens habendus est. (Stobée, de legib. et consuet. Sermo 42).

droit de tuer les voleurs *de nuit*, qui entrent dans les maisons, uniquement *pour voler*, et les voleurs *de jour*, qui emploient *la violence.*

« Voici, disait-il, les personnes qu'on peut tuer légalement, *sans se souiller*, et les circonstances où on le peut : « Si quelqu'un tue, *pendant la nuit*, un voleur entrant dans une maison, *pour voler,* qu'il soit innocent, s'il tue, en résistant, celui qui voulait le dépouiller, qu'il soit innocent. » (1)

Il admettait, sans difficulté, qu'on avait le droit de tuer les agresseurs pour la défense de soi-même, dans le cas de viol ou d'attentats à la pudeur commis ou tentés, *avec violences,* sur des personnes *libres.*

« Quiconque, disait-il, aura fait violence à la pudeur d'une femme *libre* ou d'un fils de famille sera mis impunément à mort par celui ou celle qu'il aura outragé, par son père, ses frères et ses enfants. »

Enfin, il permettait également au mari de tuer celui qu'il surprendrait, faisant violence à sa femme. (2)

---

(1) Quem vero et propter quæ interficiens jure sit purus, hæc sunto : noctu *furem furandi causâ*, domum intrantem, si nactus occidit, purus esto. Et si grassatorem *defendens*, interfecit, purus esto.

(2) Platon, lois. l. 9, n° 874. (2) loc. cit. édit. F. D.

Mais il s'écartait de l'opinion commune, sur les points suivants :

Et d'abord, il n'admettait pas qu'il fût permis de repousser des injures par des injures.

« Voici, disait-il, la loi générale que nous portons, touchant les *injures* : que personne ne maltraite de parole qui que ce soit ; mais si on a quelque différend avec un autre, qu'on expose *tranquillement* ses raisons à son adversaire et aux assistants, et qu'on écoute les siennes, *s'abstenant* de tout terme injurieux. »

Si ces injures étaient proférées dans les lieux sacrés, dans les fêtes publiques, dans les jeux, dans les places publiques, il voulait qu'elles fûssent punies par les magistrats.

« Partout ailleurs, ajoutait-il, lorsque quelqu'un, soit en attaquant, SOIT EN SE DÉFENDANT, se sera servi de termes injurieux, les citoyens d'un âge plus avancé, qui se trouveront présents, vengeront la loi, réprimant par des coups ces sortes d'emportements, et arrêtant par un mal un autre mal : faute de quoi, ils seront condamnés à une certaine amende. » (1)

Il n'admettait pas qu'il fût permis à des jeunes gens de frapper, *même pour se défendre*,

(1) Si quis autem in aliis locis conviciari incipiens, *vel sese defendens*, ἢ αμυνομενοσ (Lois, liv. XI, n° 935, éd. F. D.)

les vieillards qui les frappent, les personnes qui ont vingt ans au-dessus d'eux, et qui, à ce titre, doivent être assimilés aux vieillards : il n'admettait pas davantage qu'il leur fût permis, *dans les mêmes circonstances*, de frapper les étrangers établis dans l'Attique.

Voici ces paroles :

« La vieillesse est beaucoup plus respectable que la jeunesse, aux yeux des Dieux, et de tout homme qui songe à sa sûreté et à son bonheur : c'est, par conséquent, un spectacle honteux et odieux à la divinité de voir, dans une ville, un vieillard maltraité par un jeune homme, et au contraire tout jeune homme, frappé par un vieillard, doit souffrir patiemment les effets de sa colère, se préparant à lui-même la même déférence dans sa vieillesse : je fais donc les réglements suivants : que tous honorent de parole et d'effet ceux qui sont plus âgés qu'eux; qu'ils regardent et respectent, comme leur père et mère, celui ou celle qui *a vingt ans* au dessus d'eux. Par honneur pour les Dieux qui président à la naissance des hommes , que jamais ils ne portent les mains sur les personnes assez âgées pour leur donner le jour. Par une raison semblable, qu'ils s'abstiennent de frapper l'étranger, soit établi chez nous, depuis longtemps, soit nouvellement arrivé; qu'ils ne soient point assez hardis pour frapper, *soit en attaquant*, *soit en se défendant contre un homme de cette sorte.* Si un étranger a eu l'audace de porter la main sur eux, et qu'ils ne croient pas qu'il doit rester sans châtiment, qu'ils le trainent devant le tribunal des astynomes, *s'abstenant de le frapper*, pour conserver d'autant plus d'éloignement d'oser frapper un citoyen. Si les astynomes jugent qu'il a frappé à tort le citoyen, *ils le condamneront à recevoir autant de coups qu'il en a donné.* » (1)

Il n'admettait pas que des personnes du même âge, ou plus âgées, mais qui n'ont pas d'enfants, eûssent le droit *de se défendre*, autrement qu'avec les mains, sans armes, « comme le droit naturel, disait-il, y autorise. »

Il décidait que quiconque, *au-dessus de quarante ans*, oserait se battre contre qui que ce fût, *soit qu'il attaquât, soit qu'il se défendit*, serait considéré comme un homme grossier, sans éducation, et plein de bassesse, et que cet opprobe serait le juste châtiment de sa conduite. (2)

---

(1) Neque enim prior, *neque se defendens*, nemo verberibus castigare ejusmodi hominem audeat. (Lois. L. IX n° 879).

(2) Sed plus quàm 40 annos natus, si pugnare cùm aliquo audet ; sive prior *sive se defendens*, ειτε αρχῶν ειτε αμυνομενοσ (Plat. Lois, L. IX, § 880, éd. F. D.)

Enfin il décidat que les enfants devaient plutôt se laisser tuer par leur père et mère, que de les tuer, *même en se défendant.*

Voici ses paroles :

« Celui qui ôte la vie à celui qui la lui a donnée, appelle sur sa tête les plus grands supplices qu'on puisse mériter, à titre de violence, à titre d'impiété, à titre de sacrilège : En sorte que s'il était possible de faire mourir plusieurs fois l'enfant qui, dans la colère, a tué son père ou sa mère, la justice exigerait qu'on lui fit subir plusieurs morts. Car, de quelle autre manière pourrait-on punir avec justice celui à qui, seul, *aucune loi ne permettra de tuer son père ou sa mère, même dans le cas où il aurait à défendre sa vie contre eux, et à qui elle ordonnera de tout souffrir plutôt que d'en venir à cette extrémité ?* » (1)

Telle est la théorie de Platon !

A coté d'incontestables beautés, quelles erreurs et quelles inconséquences n'y trouve-t-on pas ?

(1) Cui enim soli, ne mortis quidem defendendæ causâ, à parentibus impendentis ulla permittet lex occidere patrem et matrem, sed omnia patienter tolcrære, potiùs quàm tale quid facere jubebit. (Lois, L. IX n° 870. éd. F. D.) (ουδὲ αμυνομενω)

Sans doute, il est beau d'avoir dit qu'un homme ne devait jamais repousser des injures par des injures; il est beau d'avoir dit qu'un jeune homme ne devait jamais résister à un vieillard, à une personne qui a vingt ans plus que lui, ou à un étranger qui est devenu l'hôte d'un pays; enfin, il est beau d'avoir dit qu'aucune loi ne doit permettre qu'un enfant puisse invoquer le droit de légitime défense pour justifier un parricide.

Mais comment Platon pouvait-il permettre de tuer les voleurs *de nuit* et les voleurs *de jour, pour sauver ses biens,* et pouvait-il interdire, dans certains cas, de se défendre pour *se sauver soi-même*? La perte des biens est-elle donc plus grande que la perte de la vie?

Comment pouvait-il permettre aux personnes du même âge ou qui n'avaient pas d'enfants, de se battre à coups de pieds ou à coups de poings, et leur refusait-il le droit de se battre contre des personnes qui avaient plus de vingt ans plus qu'elles, ou qui avaient des enfants? Est-il possible qu'une personne attaquée sache toujours exactement l'âge de l'aggresseur, ou si, étant de son âge, cet agresseur a ou n'a pas d'enfants!

Comment pouvait-il interdire à une personne injuriée de repousser les injures par des injures, et osait-il, en même temps, ordonner aux témoins présents de *frapper* ceux qui injuriaient! est-il donc plus moral, et plus exemplaire, de frapper que d'injurier?

Et, d'ailleurs, que de difficultés insurmontables dans l'exécution?

Combien les témoins présents pourront-ils donner de coups? quelle sera la limite de leurs violences? que faudra-t-il faire, si la personne qui injurie est un vieillard, ou une personne âgée de vingt ans plus que les témoins? Sera-t-il permis de battre et de fouetter les femmes? Ces corrections arbitraires n'amèneront-elles pas des rixes, des tumultes, des désordres, plus regrettables encore que des injures?

Evidemment, la théorie de Platon est tout-à-fait impraticable : aussi, n'a-t-elle jamais été prise au sérieux par personne, avant ou après Jésus-Christ.

Nous ne pouvons pas laisser ce philosophe, sans rappeler qu'il approuvait aussi les combats *du ceste.*

Il disait que si quelqu'un empêchait, de vive force, un concurrent de venir disputer les prix aux combats gymniques, on devait en donner avis au président des jeux, afin de procurer une entrée libre à *celui qui voulait combattre.*(1)

Il est donc permis de dire, sans être témé-

---

(1) Lois, liv. XII.

raire, que Platon, n'aurait pas contribué, beaucoup plus que Démocrite, à faire avancer la science du droit, en matière de légitime défense.

Venons à Aristote.

N'est-ce pas Aristote qui soutenait que l'esclavage était *juste?* N'est-ce pas lui qui disait qu'il fallait faire avorter les femmes, et détruire les nouveaux-nés estropiés et débiles, pour empêcher l'excès de la population? Croit-on que ce serait ce même Aristote qui aurait critiqué le droit de tuer les voleurs et les agresseurs, et soutenu que les homicides commis dans les combats volontaires devaient être punissables?

Ce n'est pas possible!

Dans son traité de morale, écrit pour Nicomaque, il a dit que c'était une lacheté digne d'un esclave que de supporter une insulte, et ces mots laissent assez voir sa pensée. (1)

Dans son ouvrage *sur la politique*, il proclamait la légitimité de la guerre, et n'exceptait pas même les guerres offensives, entreprises dans le seul but de réduire des populations en esclavage. Selon lui, « la guerre était une espèce de chasse aux bêtes et aux hommes, nés pour obéir, et qui se refusent à l'esclavage. »

---

(1) Aristot. mor à Nic. L. 4, ch. V § 6.

« Il semble, disait-il. que la nature imprime le sceau de la justice à de pareilles hostilités. » (1)

Aristote n'était certainemeut pas plus avancé que Platon, et son regard n'avait pas encore percé les voiles qui dérobaient la vérité aux générations de son temps.

Traversons trois siécles, et arrivons à Cicéron!

Ne l'avons nous pas entendu, dans son plaidoyer pour Milon, déclarer que s'il était une occasion où il fût permis de tuer un homme, c'était lorsqu'il s'agissait de repousser la violence par la violence? N'a-t-il pas invoqué le droit naturel, et la coutume de tous les peuples, pour justifier ce droit?

Croit-on que Cicéron n'aurait pas approuvé, comme moraliste, ce qu'il était obligé d'approuver, comme avocat?

Ouvrons ses livres de morale :

Dans son *traité des devoirs,* après avoir dit que la nature autorisait tous les genres d'animaux à défendre leur vie et leur corps, il ajoutait: « l'homme de bien est celui qui sert tous ceux qu'il peut servir, et qui ne nuit à

---

(1) Venatoria enim pars ejus est (scientiæ belli) quâ utendum est in feras, et *in homines* qui, ad parendum imperio natura facti, parere nolunt, *hoc enim bellum justum est naturâ.* (Arist. politiq. liv. 1, ch. 3, éd. F. D.)

personne, *à moins qu'il ne soit injustement attaqué?* » (1)

On voit que ses convictions comme philosophe et comme moraliste, ne démentaient pas ses convictions comme légiste ou comme avocat :

Que pensait-il des combats de gladiateurs, et des combats du cirque, en général ?

Bien souvent, du haut des gradins des amphithéatres, au milieu des sénateurs, à côté des vestales (qui avaient pour ces spectacles des loges réservées), en face des chevaliers, environné de la foule du peuple, qui s'étageait et s'entassait, pour voir, jusqu'au sommet des murs, il avait assisté à ces luttes sanguinaires, et à ces stériles déperditions de vies humaines : condamnait-il, en principe, ces homicides, comme contraires non seulement à la raison d'État, mais encore et surtout comme contraires à la dignité de l'espèce humaine?

Ecoutons le :

« Pour peu qu'ils sachent leur métier,— écrivait-il , — les gladiateurs aiment mieux recevoir un coup que de l'esquiver contre

(1) Principo generi animantium omni à naturâ tributum ut vitam corpus que tueatur (de off. l. 1, § 4).
Eum virum virum bonum esse, qui prosit quibus possit : *nisi lacessitus injuriâ*. (Cic. de off. liv. 3, § 19.)

les règles : ce qui les occupe le plus, c'est le soin de plaire à leur maître, ou au peuple. Tout couverts de sang, ils envoient demander à leurs maîtres, s'ils sont contents : que s'ils ne le sont pas, ils sont prêts à tendre la gorge. Quel est le plus médiocre d'entr'eux qui ait poussé un gémissement, ou qui ait jamais changé de visage? Quel est celui qui se soit tenu debout, ou qui soit tombé honteusement? Qui, enfin, renversé à terre, ou obligé de recevoir le fer, a seulement tourné le col?—Quelques uns ont coutume de considérer le spectacle des gladiateurs comme cruel et inhumain, et *je ne sais si, tel qu'on le donne aujourd'hui, il n'en est pas ainsi.* Mais lorsque des coupables combattaient avec le fer, s'il y avait d'autres enseignements pour les oreilles, il ne pouvait y avoir, au moins pour les yeux, une plus forte école contre la douleur et la mort. » (1)

Ah! que le spectacle des gladiateurs fût considéré comme cruel et inhumain par quelques uns, c'est ce qu'il nous est aisé de comprendre! L'aveu de Cicéron ne nous éclaire pas! Mais ce qu'il importe de savoir c'est s'il

---

(1) Cic. (Pro sextio § 68) oculis quidam nulla poterat esse fortior contrà dolorem et mortem disciplina.... (Tuscul. liv. 2, § 17.)

connaissait une raison philosophique, religieuse ou politique qui devait conduire à l'interdiction de ces homicides, et s'il a dit cette raison?

A cet égard, il est resté muet.

Il n'osait pas même affirmer, lui, Cicéron, que ces spectacles étaient cruels: « *je ne sais pas*, disait-il, si tels qu'on les donne aujourd'hui, *il n'en est pas ainsi.* » Mais ce qu'il affirmait c'est que lorsqu'on faisait combattre des coupables, il n'y avait pas de meilleur enseignement pour apprendre à souffrir et à mourir!

Le 8 avril 697, de l'ère Romaine, il écrivait à son ami Atticus: « les gladiateurs que vous avez *achetés* sont fort beaux: j'entends dire *qu'ils combattent admirablement.* Si vous aviez voulu en louer, dans les deux dernières occasions, vous en auriez retiré deux fois ce qu'ils ont coûté!.... »

L'année suivante, il écrivait: « quel plaisir peut-il y avoir pour un homme bien élevé à voir déchirer par une bête féroce un homme plus faible qu'elle, ou à voir percer un bel animal d'un coup d'épieu: s'il faut voir ces choses là, vous les avez vues souvent. » (1)

Rien de plus!

---

(1) Lettre 105 — quæ tamen si videnda sunt, sapè vidisti. (Lettre 126.)

Aucun blame, aucune indignation, aucun raisonnement pour montrer à ses contemporains ce qu'il y avait de criminel et d'odieux, dans ces achats, et dans ces locations de gladiateurs, dans ces combats meutriers d'hommes *et même de femmes,* qui étaient encore plus révoltants que les combats des hommes contre les bêtes féroces. (1)

Voilà Cicéron ! et, — nous pouvons le dire pour abréger,—voilà le paganisme tout entier, jusqu'à l'avènement de Jésus-Christ !

Nous ne méconnaissons pas qu'il est arrivé à quelques hommes supérieurs, tels que Périclès, Socrate, Pittacus, Zénon et Caton, de recevoir des injures sans les repousser par des injures, de supporter des coups sans les repousser par des coups : mais ces actes isolés, inspirées par un sentiment d'ostentation, de

---

(1) « Cicéron,*dans aucun de ses ouvrages connus*,n'a iéprouvé cet affreux usage, qui faisait du sang et du meurtre le passe-temps des romains. Il est à croire que *la philosophie* complice de l'orgueil et de l'ambition des Romains, n'éleva aucune plainte contre cette coutume barbare, et laissa le peuple jouir d'un spectacle que l'on croyait salutaire au courage et politiquement utile. » (Observ. de M. Villemain sur le liv. 4 de la rép. de Cicer.)

respect humain ou de vaine gloire, ne prouvent rien contre les doctrines, et personne ne pourrait soutenir, avec fondement, que ces grands esprits avaient eu la pensée de présenter leur conduite comme un exemple qui devait être, rigoureusement et dans tous les cas, suivi par tous les hommes.

Nous ne méconnaissons pas davantage que, lorsque les philosophes, les moralistes, et, en général, les écrivains antérieurs à Jésus-Christ ont parlé de l'amour de la patrie, du mépris de la mort, de la clémence, de la fidélité dans les engagements, et de quelques autres vertus inséparables de la vie sociale, ils ont développé les idées les plus justes et les plus saines : mais ce que nous disons, et ce que nous affirmons, c'est qu'ils ont tous accepté les idées des législateurs de leur temps.

Pour arriver aux solutions, *toutes différentes*, que nous allons trouver, maintenant, dans le christianisme, il aurait fallu qu'ils connûssent la véritable origine et la véritable destinée de l'homme, *telles qu'elles ont été expliquées par Moyse et Jésus-Christ.*

Or, ils ne connaissaient pas ces vérités !

Non seulement ils ne les connaissaient pas, mais ils n'auraient jamais pu les découvrir, à l'aide de toutes les forces combinées du génie et du raisonnement ; et s'il les avaient décou·

vertes, ils n'auraient jamais pu convaincre un assez grand nombre d'hommes pour les faire accepter comme bases d'une législation pratique et universelle.

Nous pouvons donc dire que, sans l'ancien et le nouveau Testament, qui ont révélé, répandu et accrédité ces vérités, nous serions, encore aujourd'hui, courbés sous le joug des anciennes institutions du paganisme, et enfermés dans un cercle sans issue : l'idéal de notre justice ne dépasserait pas l'idéal de la justice de Démocrite, de Platon, d'Aristote, et de Cicéron !

Mais quelles sont donc ces solutions de l'ancien et du nouveau testament ?

Nous y voici !

SECTION DEUXIÈME.

DROIT HÉBRAIQUE.

CHAPITRE Ier

Exposé préliminaire.

L'historien Dion-Cassius, nous a laissé, sur les Juifs, des renseignements qui méritent d'être rapportés : « Il y a, disait-il, des Juifs, même parmi les Romains. Souvent arrêtés dans leurs développements, ils se sont, néanmoins, accrus au point qu'ils ont obtenu de vivre, selon leurs lois. *Ils sont séparés du reste des hommes, par toutes les habitudes de la vie*, mais surtout parce qu'ils n'honorent aucun Dieu des autres peuples. Ils n'en reconnaissent qu'un, qui leur est propre, et qu'ils adorent avec ferveur. Jamais il n'y eut aucune statue à Jérusalem. Ils regardent ce dieu comme un être ineffable, invisible, et ils célèbrent son culte avec un zèle qu'on ne trouve point chez les autres hommes. Ils lui ont consacré le jour de Saturne : ce jour là, ils se livrent à des pratiques, qui ne sont usitées que chez eux, et ils s'abstiennent de tout travail sérieux. » (1)

Cette peinture, faite par un homme qui avait été sénateur et consul à Rome, environ deux cents ans après Jésus-Christ, est très fidèle : partout où les Juifs ont obtenu de vivre, *selon leurs lois*, ils ont été *séparés* du reste des hommes, par toutes les habitudes de la vie.

Ils le sont encore, par beaucoup de points, aujourd'hui.

Un phénomème si singulier devrait éveiller l'attention de ceux-là même qui refusent à la législation de Moyse une inspiration divine, et repoussent toute idée de révélation : au lieu de montrer, pour elle, nous ne dirons pas du dédain, mais au moins de l'indifférence, ils devraient chercher à en étudier les détails, et à découvrir les moyens à l'aide desquels elle est parvenue à communiquer à un peuple une vitalité si puissante, que, — malgré des désas-

(1) Dion-Cass. hist. Rom, (l. 37, § 17.)

tres sans exemple, dans l'histoire, malgré des persécutions sans nombre,— ce peuple a toujours conservé son type primitif, son caractère et ses mœurs, depuis près de deux mille ans, après sa dispersion!

Si nous prétendions que l'enseignement officiel du droit hébraïque, dans nos écoles, ne serait pas moins utile que l'enseignement du droit romain, on pourrait nous accuser d'être un admirateur trop enthousiaste de cette législation, mais il nous sera bien permis de dire, sans blesser les susceptibilités de personne, qu'elle pourrait être encore consultée, *avec beaucoup de fruit*, par les jurisconsultes et les publicistes.

Les explications que nous allons donner, dans cette section, en fourniront une nouvelle preuve.

Nous allons, d'abord, prouver que, contrairement aux Syriens et autres peuples, et même durant le temps où ils furent sous la domination des rois de Syrie, les juifs ne consentirent jamais à recevoir, chez eux, la coutume des combats du ceste et des combats de cirque: nous montrerons même, l'histoire à la main, qu'Hérode faillit succomber sous l'indignation publique, lorsqu'il tenta de construire un amphithéâtre à Jérusalem et d'y faire paraître des athlètes.

On a coutume de dire que les Hébreux ont montré plus de cruauté et de férocité, dans les guerres, qn'aucun des autres peuples, et que leur législateur lui-même leur avait ordonné de passer tous leurs ennemis au fil de l'épée, sans excepter les femmes, et les petits enfants : cela n'est vrai que pour les guerres qu'ils entreprirent après la sortie d'Egypte, pour s'emparer de la terre promise. Se trouvant alors sans patrie, et placés dans l'alternative, ou de manquer à la mission providentielle qui leur avait été assignée, ou de détruire entièrement des nations idolâtres et souillées de crimes, qui se partageaient la terre de Chanaan, ils reçurent, en effet, l'ordre de les exterminer sans pitié. Mais cet ordre ne survécut pas à la conquête, et nous allons prouver par des textes, que ce même législateur leur avait tracé, pour la conduite qu'ils devaient tenir vis à vis de leurs ennemis, après leur établissement dans la Palestine, des règles d'une sagesse et d'une humanité tellement supérieures, qu'elles pourraient encore servir de modèles, sur plusieurs points, dans nos guerres actuelles.

Nous prouverons ensuite que, déjà, d'après la loi de Moyse, tout israëlite qui avait *tué un homme*, ou touché un homme tué *à la guerre*, devait *se purifier*, par la raison qu'on est toujours coupable de tuer un homme, même quand on est contraint de le faire, pour repousser une injure par uue injure.

On a également coutume de dire que le législateur des Hébreux avait prodigué le droit de tuer, dans son code, comme si ce législateur n'avait pas su que la barbarie dans les lois contribue à entretenir la barbarie dans les mœurs : nous allons prouver, au contraire, — et toujours par des textes, — que la loi de Moyse avait restreint le droit de tuer les voleurs et les aggresseurs, pour la défense de soi même et de ses biens.

Ainsi, nous prouverons qu'il était interdit aux israëlites de tuer les voleurs surpris en flagrant délit, hors le cas où ils pénétraient *pendant la nuit, dans les maisons*, ou se disposaient à y pénétrer, *pendant la nuit*, en perçant les murailles, et que ceux qui, *même dans ces circonstances*, tuaient les voleurs, *pendant le jour*, devaient subir eux-mêmes *la peine de mort*.

Enfin nous prouverons que si un israëlite tuait ou blessait un homme, *dans une rixe*, il se rendait coupable d'homicide ou de coups et blessures volontaires, sans qu'il fût nécessaire de distinguer s'il avait été l'aggresseur, ou s'il n'avait fait *que se défendre*.

Jamais contraste plus sensible ne pouvait

exister entre les lois du paganisme et les lois du mosaïsme, et justifier davantage le jugement porté, sur les Juifs, par Dion-Cassius.

La comparaison des principes de la cosmogonie payenne avec les principes de la cosmogonie juive nous permettra d'expliquer, en terminant, pourquoi ces deux systèmes de législation s'écartaient déjà, si profondément, l'un de l'autre, et d'arriver, par une transition toute naturelle, aux lois de Jésus-Christ.

CHAPITRE II.

Etude des textes du Pentateuque.

Le Pentateuque ne contient aucune disposition spéciale contre les combats du ceste et les combats des gladiateurs, mais l'interdiction de ces combats résulte de l'esprit de cette législation.

Flavius Josèphe, dans ses antiquités juives, raconte ce qui suit :

« Hérode, ayant conquis un pouvoir absolu, et une pleine liberté de faire ce qu'il voulait, ne craignit point de s'éloigner de plus en plus de la *coutume de nos pères*. Il abolit nos anciennes coutumes, qui devaient être inviolables, pour en établir de nouvelles : il apporta ainsi un étrange changement dans la discipline qui retenait le peuple dans le devoir. Il commença par établir des jeux de lutte et de course, qui se faisaient de cinq ans et cinq ans, en l'honneur d'Auguste, et fit bâtir, pour ce sujet, un théâtre dans Jérusalem, et un fort grand amphithéâtre hors de la ville. Ces deux édifices étaient superbes, mais *leur usage est contraire aux mœurs juives, et l'apparat de ces spectacles n'a pas été reçu par nos ancêtres.* »

Après avoir décrit la splendeur de ces fêtes et l'affluence des étrangers qu'elles attiraient, l'auteur continue ainsi :

« Il fit aussi venir de toutes parts quantités de bêtes farouches, comme des lions et autres animaux, dont la force extraordinaire, ou quelque autre rare qualité, excitent l'étonnement : Il les faisait combattre tantôt les uns contre les autres, tantôt contre des hommes condamnés à mort. Ces spectacles ne donnaient pas moins de plaisir que d'admiration *aux étrangers. Mais les Juifs* les considéraient comme un renversement et une corruption de la discipline de leurs ancêtres. Rien ne leur paraissait *plus impie* que d'exposer des hommes à la fureur des bêtes, pour un plaisir si cruel, et d'abonner leurs coutumes pour embrasser celles des nations idolâtres........ l'horreur qu'ils avaient de ces coutumes étrangères leur fit croire qu'ils ne pouvaient les introduire sans renverser celles de leurs pères, et causer la ruine de leur république. Ils ne considérèrent plus Hérode comme leur roi, mais comme un ennemi, et résolurent de s'exposer à tout, plutôt que de souffrir un si grand mal! »

Josèphe rapporte, ensuite, qu'une conjuration fut ourdie pour tuer Hérode.

Dix Juifs déterminés, s'armérent de poignards, et attendirent le roi pour le frapper, tous ensemble, au moment où il se rendrait au théâtre. Ils furent dénoncés, et périrent dans les tourments. Mais le peuple fut tellement indigné contre le dénonciateur, qu'il le mit en pièces, et donna son corps à manger aux chiens. (1)

Les lois de Moyse sur *la guerre* n'ont pas été suffisamment étudiées : Elles méritent cependant, à un haut dégré, l'attention. (2)

Avant d'entrer en campagne, chaque officier, à la tête de son corps, devait demander, à haute voix, s'il y avait quelqu'un qui eût bâti une maison neuve, et qui n'y eût pas encore logé? S'il y avait quelqu'un qui eût planté une vigne, encore trop jeune pour porter des fruits? S'il y avait quelqu'un qui eût été fiancé à une fille, et ne l'eût pas encore épou-

(1) Joseph. antiq. Juiv. Liv. 15, ch. XI et liv. 16, ch. IX (trad. de Renault d'Andilly.)

(2) Lire tout le ch. XX du Deutéron.

sée? Enfin, s'il y avait quelqu'un qui fût timide, et manquât de courage dans le combat?

Tous ceux qui appartenaient à ces catégories pouvaient s'en aller.

Quand l'armée se mettait en marche, il lui était défendu *de mettre le feu dans le pays ennemi,* de dépouiller ceux qui étaient tués dans les combats, et de maltraiter les prisonniers, et surtout les femmes (1).

Quand elle mettait le siége devant une ville, il lui était interdit d'abattre *les arbres fruitiers*, et de renverser à coups de coignée tous les arbres du pays d'alentour : on ne faisait d'exception que pour les arbres sauvages, et encore lorsqu'ils étaient nécessaires pour construire les machines de guerre.

Avant d'attaquer une ville, on devait d'abord lui offrir la paix. Si elle l'acceptait, et ouvrait ses portes, il était interdit de tuer ou de réduire personne en esclavage. « *Tout le peuple qui s'y trouvera,* disait la loi, *sera sauvé* », et il était seulement assujetti à un tribut (2).

(1) Illorum agros igne vastari, nec mites arbores succidi permisit. Sed et eos qui in acie cecidissent *à victoribus spoliari prohibuit,* et captivos, maximè que mulieres ab injuriis vindicavit. (Jos. C. Appion. (L. 2. § 29.)

(2) *Omnis populus, qui in eâ est salvabitur! et serviet tibi sub tributo* (Deut. XX. 10.)

Si cette ville ne voulait pas accepter la paix, il fallait attendre qu'elle *commençât* les hostilités. Dans ce cas, il était permis de passer la population mâle par les armes, mais seulement au moment de l'action : Les femmes, les enfants, les animaux mêmes, avaient la vie sauve.

Flavius Josèphe explique cette loi ainsi : « Si vous êtes vainqueurs, tuez ceux qui vous résistent, *dans le combat :* conservez les autres, pour qu'ils vous fournissent des tributs. »

Après la bataille, ils devaient *ensevelir même leurs ennemis*, afin qu'aucun mort ne fut privé de sépulture, « parce que ce serait, dit Josèphe, étendre trop loin la punition et le châtiment (1). »

Ceux qui avaient tué un homme, ou touché à un homme tué, devaient se purifier *avec l'eau d'expiation :* Le butin pris à l'ennemi devait être lui-même purifié.

Cette mesure, qui avait été ordonnée après la guerre contre les Madianites, fut érigée *en loi*, et devint d'une application générale dans tous les cas de guerre (2).

---

(1) Josephe. Antiq. Juiv. L. 4. ch. 8. § 42. — Sepelientur autem *et hostes*...,. (Loc. Cit. § 24).

(2) Nombres, ch. 25.—Ch. 31. 19—« *hoc est* præceptum legis, quod mandavit dominus Moysi. (Loc. cit. v.21)

Le savant auteur juif Philon, qui vint à Rome, vers l'an 40 de Jésus-Christ, et qui connaissait si bien les traditions et l'esprit des lois de son pays, nous a fait connaître la cause de ces purifications.

« .... Moyse, dit-il, commanda que le grand sacrificateur purifiât ceux qui étaient revenus de la bataille, après avoir tué les ennemis : En effet, quoiqu'il soit permis, par les lois, de tuer un ennemi, cependant celui qui a tué un homme, *quoiqu'il ait été contraint de le faire, et pour repousser une injure, n'en paraît pas moins coupable*, à cause de l'antique parenté qui existe entre les hommes, descendus du même père : voilà la cause pour laquelle ils devaient être purifiés, c'est-à-dire, *pour la rémission et l'absolution de l'acte qui semblait être un péché* (1).

La raison que Philon donne, pour justifier ce principe, à savoir l'antique parenté qui

— Hoc præceptum fortassè voce traditum est; nàm in lege scripta non extat. (Menochius).

(1) Quamvis enim per leges liceat hostem occidere, tamen qui necavit hominem, etiamsi coactus et propulsans injuriam, *obnoxius videtur*.,. Quamobrem lustrationibus opus erat ad liberationem ejus, quod existimabatur scelus, faciendam. (traduit mot-à-mot, sur le grec. (Philon, vie de Moyse, l. 1, in fine).

existe entre tous les hommes descendus du même père est, sans doute, très forte, mais il en existe une autre encore plus forte, dans le droit hébraïque, — et qu'il avait donnée déjà lui-même, — c'est que l'homme a été créé à l'image de Dieu, et que, sous ce rapport, *un homicide est un espèce de sacrilège.* (1).

Les lois de Moyse qui règlent le droit de la défense de ses biens ne sont pas moins remarquables.

Elles sont ainsi conçues :

« Si un voleur est surpris *rompant la porte d'une maison, ou perçant la muraille,* pour y entrer, et qu'étant blessé, il en meure, celui qui l'aura blessé ne sera point coupable de sa mort : que s'il a tué le voleur, *après le lever du soleil,* il a commis *un homicide, il sera puni de mort.* Si le voleur n'a pas de quoi rendre ce qu'il a dérobé, il sera vendu lui même. » (2)

Il résulte de cette loi plusieurs conséquences très importantes, et qu'il convient de relever.

D'abord, dans le droit hébraïque, il n'était permis de tuer un voleur de nuit, que lorsqu'il était entré *dans une maison,* ou qu'il était

---

(1) Homicida reverà est *sacrilegus.* (de spécial. legib.)

(2) Quod si, orto sole, hoc fecerit, homicidium perpetravit, et ipse morietur. (exod. XXII. 2. 3.)

surpris en flagrant délit d'effraction, *dans une maison* : Le texte n'autorise pas à tuer le voleur, la nuit, *en dehors de la maison*, comme il était permis de le faire, d'après le droit Romain, ou même, en le poursuivant, comme il était permis de le faire, dans le droit Grec (1).

En second lieu, — (et notons bien ceci !) — celui qui tuait un voleur, *le jour*, soit dans une maison, soit au moment où il commettait une effraction, dans une maison, *devait être lui même condamné à mort*, comme un meurtrier ordinaire !

Aux yeux du législateur des hébreux, un voleur qui était surpris, soit dans les maisons, soit hors des maisons, mais en plein jour, était, sans doute, coupable et digne d'un châtiment, mais ce voleur ne cessait pas, pour cela, *d'être un homme* : Et, comme ce législateur se trouvait placé dans l'alternative, ou de laisser sacrifier la vie d'un homme à la conservation d'une chose, ou de sacrifier cette chose à la conservation de la vie d'un homme, il avait pensé qu'il valait mieux exposer le propriétaire à perdre sa chose, que de sacrifier la vie d'un homme, hors les cas qu'il avait rigoureusement déterminés.

---

(1) Flavius Josèphe, dit mot à mot : « occidens *in domo* furantes purus esto, etiam in effossione muri. » *(La nuit bien entendu)*

Cette idée était très juste, et, pourtant, il est le seul qui ait osé l'appliquer : nous croirions, encore aujourd'hui, que la propriété est perdue, si nous entendions proposer de punir, *par une loi formelle*, les propriétaires qui tuent les voleurs *de jour*, en défendant leurs biens.

La loi disait que si le voleur n'avait pas de quoi rendre ce qu'il avait pris, il serait vendu : Il faut savoir à qui il pouvait être vendu, et quel était l'effet de cette vente.

Il ne pouvait être vendu qu'à un *israélite*, — jamais à *un étranger*, — et l'effet de cette vente était de le placer au pouvoir de l'acheteur, pendant *six ans seulement*. Le prix de la vente servait à dédommager le propriétaire de l'objet volé, lorsqu'il ne pouvait pas acheter le voleur lui-même.

C'est ce que Flavius Josèphe explique très-clairement, dans son histoire des Juifs.

Il dit qu'Hérode ordonna, par une nouvelle loi, que ceux qui perceraient les murailles, pour entrer dans les maisons, seraient traités en esclaves, et vendus *hors du royaume*. « Cette atteinte portée aux lois de Moyse fut, ajoute-t-il, considérée comme l'action d'un tyran, parce que la vente d'un voleur à un *étranger*, rendait sa servitude *perpétuelle*, tandis que la vente à un *israélite*, ne le privait de la liberté que *pour six ans*. »

Enfin, il faut ajouter qu'on ne vendait jamais les femmes (1).

Le législateur des hébreux avait encore introduit, dans son Code, une loi en vertu de laquelle celui qui avait commis un homicide, fait des blessures, ou porté des coups à son adversaire, *dans une rixe*, devait toujours être condamné, sans distinguer s'il avait été l'aggresseur, ou s'il n'avait fait que repousser la violence par la violence.

Voici le texte :

« Si deux hommes se querellent, et que l'un frappe l'autre avec une pierre, ou avec le poing et que le blessé n'en meure pas, mais qu'il soit obligé de garder le lit : s'il se lève ensuite, et qu'il marche dehors, s'appuyant sur un bâton, celui qui l'a blessé sera regardé comme innocent, mais il sera obligé de le dédommager pour le temps où il n'aura pu s'appliquer à son travail, et de lui restituer toutes les dépenses qu'il aura faites à ses médecins (2). »

Expliquons, d'abord, ce texte en ne consultant que le bon sens et les règles ordinaires

---

(1) Josèphe antiq. juiv. (liv. 16, ch. 1) intelligendum hoc de maribus, feminæ enim ob furtum non addicibantur. (Grotius sur l'Exod.).

(3) Si duo viri rixati sunt.. v Exod XXI 18, 19.

de l'interprétation : nous interrogerons, ensuite, les auteurs juifs.

La loi se place dans l'hypothèse où deux hommes s'engagent dans une querelle: ils échangent, d'abord, des paroles animées, et les coups succèdent ensuite aux paroles. L'un de ces deux hommes est blessé : faudra-t-il rechercher quel est celui qui a frappé le premier ?

Nullement !

Celui qui a blessé son adversaire, doit toujour, payer les frais de la maladie, *parce qu'il a eu tort de frapper*: en s'engageant dans une querelle, au lieu de donner l'exemple de la patience et de la modération, il a dû comprendre qu'il pourrait être conduit à repousser la violence par la violence, et il est coupable d'avoir porté des coups et fait des blessures *volontaires,* en se défendant, aussi bien que s'il avait été lui même l'agresseur.

Telle est la pensée qui ressort du texte.

Supposons, maintenant, qu'au lieu de se lever, après avoir gardé le lit, le blessé meure, que faudra-t-il décider ?

La loi laisse aux jurisconsultes le soin de résoudre cette question.

Puisque celui qui a fait des blessures, dans une rixe, doit toujours indemniser le blessé, soit qu'il ait été l'aggressur, *soit qu'il n'ait fait que se défendre*, il faut se guider ici par le même principe, et décider que si le blessé meurt, l'auteur de l'homicide devra toujours être puni, quand même il n'aurait frappé que pour repousser une aggression : en effet, en s'engageant dans une rixe, il devait prévoir qu'il ne serait plus maître des évènements, et que, par suite, s'il tuait son adversaire, il le tuerait *volontairement*.

C'est ainsi, en effet, que les Juifs interprétaient cette loi.

— « Parfois, il arrive que quelqu'un, sans y penser, sans y être préparé, sans en avoir conçu le dessein antérieurement, commette un homicide, comme, par exemple, lorsqu'il est saisi par une fureur subite, qui ne nuit pas moins à celui qui l'éprouve qu'à celui qui est en butte à ses emportements. Parfois, en effet, quelqu'un se rendant à la place publique pour faire ses affaires, rencontre, par hasard, un homme *qui l'attaque* avec la langue ou *avec les mains*, ou bien, il lui cherche lui même querelle, et pour que la rixe finisse plus vîte, il le frappe avec le poing, ou même avec une pierre : si celui qui est atteint d'une blessure mortelle meurt, que celui qui l'a frappé souffre lui même le mal qu'il a fait........ & » (1)

(1) Interdùm enin aliquis progressus in forum.... *casu* homini vel linguâ *vel manibus* petulanti, fit obvius

Philon continue son explication, et ajoute que si celui qui a frappé n'a pas donné la mort, il devra seulement les indemnités dont il a été parlé. Sans reproduire tout ce passage, nous saisissons la pensée de l'auteur : il laisse bien entrevoir que *soit qu'il attaque*, *soit qu'il se défende*, celui qui tue ou blesse, dans une rixe, doit toujours être condamné.

Platon, qui écrivait plus de mille ans après Moyse, avait-il recueilli cette idée dans ses conversations avec des Juifs hellénistes de l'Égypte ou de la Grèce, quand il disait que, soit qu'il attaquât, soit *qu'il se défendït*, un homme ne devrait jamais se battre avec un autre homme, âgé de plus de 40 ans, ou âgé de vingt ans plus que lui ?

Nous n'oserions l'affirmer.

Mais quand nous voyons deux hommes comme Moyse et comme Platon, à plus de mille ans de distance, proclamer, dans leurs lois, qu'il ne doit pas être permis de repousser la violence par la violence pour se défendre, dans certains cas qu'ils indiquent, nous sommes singulièrement frappé de la coïncidence de leurs idées,

---

lacessitus que; aut ipse contentionem exorsus ut rixa citiùs dirimatur, aut pugno ferit, aut eminùs lapide : tùm si lætali palgâ ictus, alter moritur, *percussor quoque ferat quod intulit*.... (Phil. de spec. leg.)

et nous n'éprouverions plus d'étonnement si nous entendions Jésus-Christ, ses apôtres, et les pères de l'Église des premiers siècles, généraliser ces lois, et décider, d'une manière absolue, qu'il n'est jamais permis de repousser la violence par la violence !

Réfléchissons, maintenant, sur les documens que nous venons de produire ; efforçons-nous de ne pas juger avec nos préventions et nos ignorances, et demandons-le à ceux qui nous lisent : Cette vieille loi de Moyse, écrite à une époque où la force était encore le seul fondement du droit civil et politique, parmi les peuples, n'était-elle pas infiniment supérieure aux lois grecques et romaines? n'avait-elle pas une perception bien plus sûre, bien plus claire, et bien plus nette des véritables règles de la justice, que toutes les philosophies payennes qui ont régné dans le monde, jusqu'à Jésus-Christ ?

En vérité, nous ne voyons pas comment on pourrait encore le contester !

Vous est-il parfois arrivé de vous mettre en route, au milieu de la nuit, pour vous rendre au sommet d'une haute montagne ?

A mesure que vous gravissiez les sentiers tracés sur ses flancs, et que les premiers rayons du soleil commençaient à poindre, l'horizon s'allongeait autour de vous, et vous découvriez des profondeurs inconnues dont vous ne soupçonniez pas même l'existence, sous les ombres qui les voilaient encore : telle est l'impression qu'on éprouve, en étudiant l'œuvre grandiose du législateur des hébreux.

A mesure qu'on gravit, avec lui, les sommets de cette œuvre, la vue s'étend, l'esprit s'éclaire, le cercle de la pensée s'élargit, et l'on découvre des vérités qu'on ne soupçonnait pas même, au début !

Mais comment expliquer le contraste si profond qui se manifeste, déjà, entre le paganisme et le mosaïsme ?

C'est ce que nous essaierons de faire, dans le chapitre suivant.

CHAPITRE III.

Des causes du contraste qui existe entre les lois payennes et les lois hébraïques : transition aux lois de Jésus-Christ.

Les lois payennes et hébraïques qui viennent d'être citées, dans les deux sections précédentes, étaient impérieusement commandées par la logique.

Les payens admettaient une multitude de *dieux* et de *déesses*, dont l'origine était terrestre, et qui avaient eu toutes les passions des hommes : ils ne connaissaient pas *Dieu*, et ses attributs essentiels. Ils n'avaient pas de connaissances plus exactes sur l'origine et la destinée de l'homme. Ils croyaient que les premiers hommes *n'étaient pas nés les uns des autres*, mais qu'ils étaient sortis des entrailles mêmes de la terre, en vertu des forces aveugles de la nature. C'est pour cela qu'ils appelaient la terre *la mère des hommes et des dieux*, et que quelques peuples se disaient *autochtones ou aborigènes*, c'est-à-dire issus du sol même qu'ils habitaient. Ils croyaient que le terme de l'existence de l'homme était, — sinon l'anéantissement absolu, comme l'enseigne encore aujourd'hui le bouddhisme, (le nirvâna), — au moins cette espèce d'immortalité qui ne consistait que dans le retour périodique des âmes dans les corps des animaux terrestres. (1)

Dans cet ordre d'idées, l'homme ne différait pas sensiblement des animaux ordinaires ; il ne rélévait d'aucune autre puissance que de lui-même : il pouvait donc disposer souverainement de son corps et de sa vie, et restait soumis aux règles du droit naturel, en vertu duquel tous les animaux font usage des armes qu'ils ont reçues de la nature pour tuer, blesser ou frapper ceux qui les attaquent, ou se battent les uns contre les autres.

C'est ce que le paganisme avait admis.

---

(1) « *Le Nirvâna* est l'anéantissement complet non seulement des éléments matériels de l'existence, mais de plus, et surtout, du principe pensant. (Le Bouddha par M. Barthélémy St-Hilaire, p. 133.)

Au contraire, les Hébreux n'admettaient *qu'un Dieu unique*, exclusivement spirituel, sans commencement et sans fin, omniscient, omnipotent, créateur et conservateur de tout l'univers, et dont la sollicitude s'exerçait sur tous les êtres, au moins pendant leur existence. Ils croyaient que le premier homme et la première femme avaient été créés, par ce Dieu, *à son image et à sa ressemblance*, et que leurs descendants recevaient eux-mêmes un rayon de son intelligence, un souffle de son esprit divin.

Dans cet ordre d'idées, l'homme ne relevait déjà plus de lui-même. Il relevait de son créateur, par sa naissance. Il restait marqué de son empreinte, pendant tout le cours de sa vie, malgré ses fautes ou ses erreurs. Si cette origine divine et cette marque ineffaçable ne suffisaient pas encore pour le rendre absolument inviolable, vis-à-vis de ses semblables, il fallait, au moins, par respect pour le Créateur dont il était l'image, lui interdire de les tuer, hors les cas où la nécessité de la conservation sociale ou individuelle ne l'exigeait pas; et, — même dans les guerres défensives, — il fallait lui faire comprendre que le meurtre d'un homme n'était jamais exempt de faute.

C'est ce que le Mosaïsme avait fait.

Mais Jésus-Christ n'admet pas seulement toutes les vérités que Moyse enseignait aux

Hebreux, sur l'unité, la spiritualité, l'omnipotence de Dieu, sur l'origine de l'homme, et sur la création, en général : il déclare, en outre, en termes formels, — ce qui n'avait pas été dit, *expressément*, dans la loi de Moyse,—que l'âme de l'homme est immortelle, et qu'il recommence, après sa mort, une existence nouvelle, dans un autre monde, avec son ancien corps terrestre reconstitué dans son intégrité et dans sa plénitude, et devenu désormais *glorieux et incorruptible.*

Dans cet ordre d'idées, l'homme qui relevait de Dieu, par sa naissance, relève encore de Dieu, par *sa résurrection*, et ne cesse, à aucune époque, de lui rester attaché, par des liens indissolubles. La destruction du corps, — ce dernier trait qui permettait de le confondre dans la classe des animaux ordinaires, — n'est plus, pour lui, qu'un accident, qui n'interrompt pas son existence. Il ne peut plus échapper à lui-même par le suicide ; il ne peut plus être anéanti par l'homicide ; *il appartient donc exclusivement à Dieu, dans son corps et dans son esprit*, — comme l'a dit saint Paul.

Est-il possible que Jésus-Christ, qui envisage l'homme, à un point de vue si magnifique, si complet, si divin, *n'ait rien dit de plus que Moyse?* Est-il possible que le législateur des chrétiens, dans la législation définitive qu'il a donnée à des êtres auxquels il reconnaît cette origine et *cette destinée*, leur ait laissé le droit de repousser la violence par la violence, et de se battre les uns contre les autres ?

C'est ce qui reste à examiner.

Nous abordons la partie capitale de ce travail.

SECTION TROISIÈME.

DROIT CHRÉTIEN.

CHAPITRE Ier

Exposé préliminaire.

Il y a des savants qui veulent bien reconnaître que le christianisme est un code de morale sublime, mais ils ne veulent pas admettre qu'il puisse être considéré comme *une législation* proprement dite, applicable au gouvernement d'une société civile.

C'est une erreur qui ne devrait plus subsister aujourd'hui.

D'abord, quand Jésus-Christ a dit qu'il n'était pas venu abolir la loi de Moyse, mais l'accomplir, il a dit, évidemment, que la loi de Moyse était maintenue dans toutes les parties qu'il n'avait pas modifiées. Mais la loi de Moyse était, assurément, une loi appropriée au gouvernement d'une société civile, puisqu'elle a gouverné les Juifs pendant des siècles: il est donc certain que le christianisme est, au moins, pour cette première partie, une véritable législation.

Quant à la partie du christianisme qu'on appelle le Nouveau-Testament, si on lui refusait le caractère de législation proprement dite, il faudrait dire que Jésus-Christ aurait eu moins d'autorité que Moyse, — ce qui serait inadmissible. Les faits, d'ailleurs, protesteraient contre cette prétention, et nous pourrions citer beaucoup de dispositions du Nouveau-Testament qui ont été déjà converties en lois positives : il est donc certain que le christianisme est aussi, pour cette seconde partie, une véritable législation, applicable au gouvernement d'une société civile (1).

Nous ne saurions trop insister sur ce point.

Il y a d'autres personnes qui croient qu'une société complétement organisée suivant les lois de l'Ancien et du Nouveau-Testament pourrait

---

(1) Omnia sunt in Christo nova, —cultus, vita, *legislatio.* (St. Cyr. d'Alex, in Isaïam, l. 5. — Migne, 3, 1418).

fonctionner d'une manière régulière et durable, si l'instruction chrétienne était plus développée, mais elles soulèvent d'autres objections : elles disent que le Nouveau-Testament contient des dispositions qui ne peuvent pas être prises à la lettre, ou qui sont plutôt des *conseils* que des *préceptes*.

Ceci a besoin d'explication.

Il est vrai que l'Évangile contient quelques dispositions qui ne peuvent être prises à la lettre. Ainsi, quand Jésus-Christ dit : si *votre œil droit* vous scandalise, arrachez-le, et jetez-le loin de vous ; si *votre main droite* vous scandalise, coupez-la, et jetez-la loin de vous ; il n'est pas possible de prendre ces dispositions à la lettre, et d'exiger qu'on s'arrache les yeux, ou qu'on se coupe les mains (1).

Si Jésus-Christ avait voulu parler d'un de nos membres, il n'aurait pas désigné plutôt *l'œil droit* que l'œil gauche, ou *la main droite* que la main gauche, mais en se servant de ces expressions, — familières dans le langage des Juifs, — il a voulu désigner les personnes qui nous sont les plus nécessaires ; c'est comme

---

(1) Quod si oculus tuus *dexter* scandalisat te, erue eum et projice abs te. — Et si *dextera* manus scandalisat te, abcide eam, et projice abs te. (Math. 38. 39. Marc, 9. 46).

s'il avait dit : Quand vous aimeriez quelqu'un de telle sorte que vous le regarderiez comme *votre œil droit*, ou que vous le croiriez aussi utile que *votre main droite*, vous ne devez pas hésiter à vous séparer de lui, s'il devait vous entraîner dans quelque faute grave (1).

Tout le monde est d'accord, à cet égard.

Il est également vrai que l'Évangile contient quelques dispositions qui doivent être plutôt considérées comme des *conseils* que comme des *préceptes:* mais il importe de bien faire remarquer que les apôtres ont toujours eu soin de dire dans quels cas ils n'entendaient donner que de simples *conseils*. Ainsi, quand saint Paul, en parlant des vierges, explique que le mariage amène plus de tribulations que le célibat, et qu'à ce point de vue, il est plus avantageux, pour elles, de ne pas se marier que de se marier, à cause des difficultés présentes, il a bien soin de dire que ce n'est pas *un précepte*, mais *un conseil;* Ainsi, quand il fait ces mêmes recommandations aux veuves, il répète qu'il ne donne qu'*un simple conseil* (2).

---

(1) S. Chrysost. hom. XVII sur S. Math. ch. 5. — On dit encore aujourd'hui, dans un sens analogue, *c'est son bras droit;* — soyez l'*œil* de l'aveugle, et le *pied* du boîteux.

(2) De virginibus autem *præceptum* domini non la-

Mais, en dehors de ces exceptions, et toutes les fois que Jésus-Christ lui-même a parlé, il faut dire qu'il a donné *des préceptes* et non pas *des conseils*.

Jésus-Christ est un législateur comme Moyse, et, en principe général, un législateur fait des lois qui doivent être observées, et ne donne pas des *conseils* qu'il est permis d'éluder arbitrairement : quand il s'agit, surtout, d'un législateur comme Jésus-Christ, il n'est pas possible d'admettre qu'il ait parlé pour abandonner au monde le soin de décider s'il faut faire ou ne pas faire ce qu'il a dit.

Pour être dans la vérité, il faut donc arriver à cette conclusion :

Toutes les dispositions du Nouveau-Testament, qui peuvent être prises à la lettre, doivent être considérées comme des *préceptes*, à moins que le contraire ne résulte d'une déclaration écrite dans la loi ; si ces dispositions sont d'une exécution difficile, ou même impossible, *dans l'état de la civilisation présente*, il faut dire qu'elles ne seront obligatoires, *dans la vie civile*, que lorsque le développement de l'instruction, le progrés des lumières, et l'accroisse-

---

bio : consilium autem do. — Secundùm meum *consilium*. (1. Corinth. VII. 25. 40,)

ment du sens moral, qui en est la suite, auront permis de les introduire dans les lois positives, et de les imposer à tout le monde.

Cette explication peut concilier tous les esprits, et elle était nécessaire, pour éviter des malentendus, ou des équivoques.

Ceci dit, nous allons prouver que Jésus-Christ a formellement interdit aux chrétiens de repousser la violence par la violence, et de se battre les uns contre les autres.

CHAPITRE II.

De l'abolition du droit de repousser la violence par la violence pour la défense de soi même.

Nous diviserons ce chapître en trois paragraphes.

Dans le premier, nous citerons les textes de l'Évangile de Saint-Mathieu, des Épîtres de Saint-Paul et de Saint-Pierre, et des canons des apôtres, qui interdisent de repousser la violence par la violence *pour la défense de soi-même.*

Dans le second, nous montrerons comment, dans la pratique, cette loi a été exécutée par Jésus-Christ, et par ses apôtres.

Dans le troisième, nous examinerons la question de savoir si la loi Jésus-Christ est tellement absolue qu'elle ne permette pas de tuer un injuste agresseur, même pour sauver sa propre vie.

§ I

Textes qui interdissent de repousser la violence par la violence, pour la défense de soi-même.

Dans le sermon sur la montagne, rapporté par Saint-Mathieu, Jésus-Christ a prononcé ces paroles: « Vous avez entendu qu'il a été dit: œil pour œil et dent pour dent, mais moi je vous dis de ne pas résister à celui qui vous fait du mal; mais s'il vous frappe sur la joue droite, présentez lui la joue gauche. » (1)

Que veulent dire ces paroles?

Les mots μῆ αντισθῆναι qui se trouvent dans le texte grec de Saint-Mathieu, veulent dire: ne pas repousser la force par la force, ne pas opposer la violence à la violence, *ne pas résister*. (2)

Il est donc certain que lorsque Jésus-Christ

(1) Ego autem dico vobis non resistere malo, sed si quis te percusserit in dexteram maxillam, præbe illi et alteram. (Ch. V. 38 et 39).

(2) Le mot *résistance* se dit de *la défense* que font les hommes et les animaux, contre ceux qui les attaquent (Dictionn. de l'Acad).

donne aux hommes ce commandement nouveau: « mais moi je vous dis de ne pas résister, » il leur dit de ne pas employer la violence pour repousser ceux qui les attaquent.

Quel est le sens des autres paroles qui suivent: « Si quelqu'un vous frappe sur la joue droite, présentez lui aussi la joue gauche? »

D'après tous les commentateurs, ces paroles ne doivent pas être entendues en ce sens que si l'on reçoit un soufflet, il faut avancer le visage, pour en recevoir un autre. Mais elles veulent dire que,— loin de repousser la violence par la violence,—il faut se montrer prêt à souffrir de nouvelles violences, plutôt que de manquer soi-même aux devoirs de la patience et de la douceur.

L'ensemble de cette loi doit donc être expliqué de la manière suivante:

Vous connaissez—disait Jésus-Christ aux Juifs, —la loi de Moyse, qui vous permet de vous *venger* lorsque vous avez été attaqué, et de demander à la justice la peine du talion contre celui qui vous aurait crevé un œil ou brisé une dent, mais moi, je vais bien plus loin que Moyse: je ne vous dis pas seulement de ne pas *vous venger*, je vous dis de ne pas même repousser la violence par la violence quand on vous attaque, c'est-à-dire de n'employer aucune violence *pour vous défendre*. Les coups portés au visage sont regardés, par tout le monde, sinon comme les plus dangereux, au moins comme les plus outrageants: Eh bien, même dans ce cas, qui résume toutes les offenses, je vous interdis de repousser la force par la force, et par conséquent, je vous interdis de tuer, de blesser ou de frapper celui qui vous frappe; au contraire, vous devez laisser votre poitrine et votre visage exposés à ses coups, non pour le provoquer par votre audace, mais pour lui montrer que vous êtes prêt à souffrir toutes les violences dont il voudra vous accabler, plutôt que d'imiter le mal qu'il vous fait: c'est ainsi que vous le surmonterez. Le courage d'un chrétien ne consiste pas à se précipiter, comme une bête farouche, dans une lutte matérielle, dont le résultat ne prouve rien devant la justice, mais à se dominer soi-même, à vaincre les autres par la patience, à les désarmer par le calme, à les faire rougir de leurs honteuses victoires, à garder, en un mot, devant la douleur et devant l'outrage, la seule attitude digne d'un être fait à l'image de Dieu, et qui se sent immortel, je veux dire l'inaltérable sérénité et la supériorité de la raison.

Tel est le sens de cette loi, d'après les paroles mêmes de Jésus-Christ.

Dans l'Epître de Saint-Paul aux Romains, on

trouve un passage très important, et qui mérite d'être expliqué.

Saint-Paul dit :

« *Ne rendez-point le mal pour le mal*: attachez-vous à ce qui est bien, non seulement devant Dieu, mais devant tous les hommes. Si cela peut se faire, autant qu'il dépend de vous, ayez la paix avec tous les hommes : *ne vous défendez pas vous-mêmes*, mes bien aimés, mais laissez agir la colère de Dieu, car il est écrit: « c'est à moi que la vengeance appartient; je le rendrai, dit le Seigneur. » (1)

Ce passage serait décisif, si ces mots « *ne vous défendez pas vous-mêmes*, » avaient été écrits littéralement par Saint-Paul ; mais ils ont été traduits par Saint-Jérôme sur le texte grec de Saint-Paul, et le texte grec peut aussi bien se traduire par ces mots : « *ne vous vengez pas* » que par ceux-ci : « *ne vous défendez pas.* » (2)

La version de Saint-Jérôme nous paraît, cependant, la seule exacte.

---

(1) Non vosmetipsos defendentes. Epit. aux Rom. (XII, 19, 20.)

(2) ουχ εαυτοῦσ εχδιχοῦντεσ. — εμοι εχδιχῆσισ. Non ulciscamini. (interpretation arabique et syrienne) mot à mot : ne vous rendez pas justice à vous même, à moi la justice !

En effet, l'apôtre Saint-Paul vient de dire : ne rendez pas le mal pour le mal, c'est-à-dire, ne vous vengez pas, en demandant aux juges de condamner ceux qui vous font du mal, à subir le mal qu'ils vous ont fait. (1)

Aussitôt après avoir dit : ne rendez pas le mal pour le mal, il ne pouvait pas dire : ne vous vengez pas ! car, il aurait répété deux fois la même idée, sans nécessité. Mais après avoir dit : ne rendez pas le mal pour le mal, c'est-à-dire *ne vous vengez pas*, il pouvait dire: *ne vous défendez pas*, c'est-à-dire ne repoussez pas la violence par la violence ; car, il ne faisait que developper la pensée de Jésus-Christ, dans l'ordre même qui avait été suivi par Saint-Mathieu. Au lieu de dire comme lui vous ne rendrez pas œil pour œil, il disait : vous ne rendrez pas le mal pour le mal ; au lieu de se servir de ces mots : je vous dis de ne pas résister, il disait : *ne vous défendez pas vous-mêmes*, parce que Dieu se réserve le soin de vous *venger*.

Voilà les raisons qui nous portent à croire que Saint-Jérôme, en traduisant les mots grecs de Saint-Paul : ουχ εαυτοῦσ εχδιχοῦντεσ par les

---

(1) Non reddentes malum pro malo (v. 17)—L'Exode avait dit : reddes oculum pro oculo. (XXI, 23, 24.)

mots latins *non vos defendentes*, a donné le véritable sens de ce passage. Au surplus, si quelque doute pouvait encore exister, il se trouverait éclairci par les paroles mêmes de Saint-Pierre, et par les canons des apôtres.

Voyons, d'abord, les paroles de Saint-Pierre.

Après avoir dit aux esclaves de son temps qu'il n'y avait pas de gloire à souffrir les violences de leurs maîtres, quand ils étaient souffletés pour avoir mal fait, mais à souffrir patiemment, quand, — en faisant bien, — ils étaient maltraités, Saint-Pierre leur citait l'exemple de Jésus-Christ: « lorsqu'il était maudit, disait-il, il ne maudissait pas; lorsqu'il souffrait, il ne menaçait pas, mais il se livrait à celui qui juge justement. (1)

Saint-Pierre nous montre bien, par ces paroles, ce que Saint-Paul voulait dire, lorsqu'il déclare que non seulement Jésus-Christ ne se vengeait pas, mais *qu'il ne se défendait pas,* et se livrait à la justice de Dieu.

Voyons, maintenant, *les canons des apôtres,* dont l'autorité doit être, — ici, — d'un grand poids:

---

(1) Qui cùm malediceretur, non maledicebat cùm pateretur non comminabatur, sed tradebat judicanti se justè. (Ep. 1, ch. 2, 23). Le texte grec dit: *justè.*

« Nous ordonnons, disent-ils, que l'évêque, le prêtre ou le diacre qui frappent ceux qui commettent une faute, ou les infidèles qui font une injure soit déposé : LE SEIGNEUR, EN EFFET, NE NOUS A JAMAIS ENSEIGNÉ CELA : au contraire, lorsqu'il était frappé, il ne repoussait pas les coups par des coups, lorsqu'il était maudit, il ne repoussait pas les malédictions par des malédictions ; lorsqu'il souffrait, il ne menaçait pas. » (1)

Notons bien ces mots : *le Seigneur ne nous a jamais enseigné cela !*

Ainsi, (ce sont tous les apôtres eux-mêmes qui l'attestent,) Jésus-Christ n'a jamais enseigné à injurier ceux qui injurient, à frapper ceux qui font une injure, ou qui commettent une faute, c'est-à-dire *à frapper pour se défendre, ou même pour corriger!*

La concordance entre les paroles de Saint-Mathieu, les paroles de Saint-Paul traduites de la langue grecque dans la langue latine par Saint-Jérôme, les paroles de Saint-Pierre, et les canons des apôtres, est donc complète, et,

---

(1) « Dominus *enim nunquàm nobis hoc docuit.* è contrario vero, cùm, ipse percuteretur, non *repercutiebat,* cùm maledicebatur non *remaledicebat,* cùm pateretur, non *comminabatur.* » (Canon XXC). (Trad. de Denys-le-Petit.)

à l'aide de ces textes, nous ne pouvons plus avoir de doutes sur la pensée de Jésus-Christ.

Est-il possible d'avoir des doutes quand on a les explications des *apôtres?*

« Qui connaîtra mieux le sens intime des Ecritures,—dit Tertullien,—que l'école même de Jésus-Christ, les disciples qu'adopta le Seigneur, par conséquent, pour leur apprendre toutes choses, et qu'il nous donna pour maîtres, par conséquent, pour être nos docteurs sur tous les points ? à qui aurait-il révélé le sens de ses paroles, plutôt qu'à ceux devant lesquels il fit rayonner sa gloire, c'est-à-dire à *Pierre,* à *Jacques,* à *Jean,* ensuite à *Paul?* ces hommes divins écrivent-ils aussi d'une façon tandis qu'ils pensent de l'autre, apôtres du monsonge et non de la vérité? » (1)

Nous avons, cependant, quelque chose de plus fort que les textes : c'est le commentaire *en action,* qui nous en a été donné par Jésus-Christ lui-même, et par ses apôtres.

(Tertullien, (le Scorpiaque, § 12.)

§ II.

Comment la loi qui dit de ne pas résister à ceux qui font du mal, a été exécutée par Jésus-Christ et ses apôtres.

Jésus-Christ et ses apôtres ont donné le commentaire en action de toutes les lois nouvelles qu'ils ont laissées, et ils ont confirmé par leurs exemples ce qu'ils ont enseigné par leurs discours. (1)

Si nous voulons donc savoir, — avec une certitude absolue, — ce qu'ils *ont pensé* sur le sens et la portée de ces mots : « mais moi je vous dis de ne pas résister » il faut rechercher ce qu'ils ont fait.

Il n'y a rien de tel que les actes pour savoir, au vrai, ce que valent les paroles.

Les Juifs adressent à Jésus-Christ les plus graves injures qu'un juif puisse adresser à un Juif. Ils lui disent qu'il est un Samaritain, et qu'il est possédé du démon. Jésus-Christ ne repousse pas ces injures par des injures, mais il leur répond simplement : « je ne suis pas

(1) Imitatores mei estote, et observate eos *qui ità ambulant*, sicut habetis formam nostram. (Philipp. III, 17).

possédé du démon, mais j'honore mon père, et vous me deshonorez. » (1)

Un soldat de Pilate le frappe au visage.

Jésus-Christ ne lui présente pas l'autre joue pour recevoir un nouveau soufflet, mais il montre, par son impassibilité, qu'il est prêt à souffrir de nouvelles violences, et le confond par ces paroles :

— « Si j'ai mal parlé, fais voir ce que j'ai dit de mal, mais si j'ai bien parlé, pourquoi me frappes-tu ? » (2)

Des hommes viennent, *la nuit*, à l'improviste, sans mandat de justice régulier, avec l'intention évidente de le surprendre, et de le livrer à ses ennemis. Dans ce cas, et même d'après la jurisprudence des Juifs, il a le droit de repousser la force par la force, et ses disciples ont le même droit.

Aussi, ils l'entourent, et s'écrient : « Seigneur, frapperons-nous avec l'épée ? » (3).

---

(1) St-Jean, VIII, 48, 49.

(2) Si malè locutus sum, testimonium perhibe de malo, si autem benè, quare me cædis ? (St-Jean XVIII, 23).

(3) « Cette main mise sur Jésus, surtout à une pareille heure, avait tellement le caractère d'une agression, que ses disciples se préparaient à repousser

L'un d'eux, sans même attendre la réponse, frappe un des agresseurs, et lui coupe une oreille. Que fait Jésus-Christ? Prend-il une épée? Ordonne-t-il de frapper? « Arrêtez!.... s'écrie-t-il, (sinite usquè hùc) remettez votre épée daus le fourreau; ceux qui prendront l'épée périront par l'épée. »

Puis, se tournant vers ceux qui l'attaquaient, il leur dit: « vous êtes sortis, comme après un voleur, avec des bâtons et des épées, pour me prendre; j'étais tous les jours au milieu de vous, enseignant dans le temple, et vous ne m'avez point saisi. Mais tout ceci est arrivé afin que les écritures fûssent accomplies. »

Et il se laisse entraîner, sans résistance.

Quand il est conduit devant Caïphe, on crache sur lui, on lui couvre le visage, et on le frappe, en disant: « Devine qui t'a frappé? » Il garde le silence.

On l'attache sur la croix; il dit: « Mon père pardonnez leur, car ils ne savent ce qu'ils font! » (1)

Ses apôtres agissent de même.

Ils n'outragent pas, ils ne frappent pas,

---

la force par la force. (Jésus devant Caïphe et Pilate, par Dupin).

(1) Saint-Luc XXII, 51, 52. Saint-Mathieu, XXVI, 54, 55, 67, 68.

ils ne tuent pas, *pour se défendre*: mais ils souffrent toutes les persécutions, avec patience, ou se bornent à faire appel à la raison.

Quand Saint-Etienne est lapidé, *sans jugement,* il se met à genoux, et crie à haute voix : « Seigneur ne leur imputez point ce péché ! »

« On dit du mal de nous,écrit Saint-Paul, et nous bénissons: on nous persécute, et nous le souffrons : on nous dit des injures, et nous prions ! » (1)

On lit, dans les actes des apôtres, que Saint-Paul, revenu à Jérusalem après une longue absence, fut traduit devant le conseil des Juifs parcequ'il prêchait la loi nouvelle: Il avait à peine commencé son discours, que le prince des prêtres commanda à ceux qui étaient près de lui, de le frapper.

Saint-Paul ne répondit ni par des injures, ni par des voies de fait, à celui qui avait porté les mains sur lui, mais se servant d'une expression que Jésus-Christ avait déjà employée, en parlant des Scribes et des Pharisiens, il dit au grand prêtre: « Dieu te

(1) Actes, VII, 59, 60.—Maledicimur, et benedicimus, persecutiones patimur, et sustinemus, blasphemamur, et obsecramus. (1, Corinth. IV, 12 et 13).

frappera, muraille blanchie, car tu es ici pour me juger selon la loi, et en transgressant la loi, tu commandes qu'on me frappe ! »

On comprendrait mal ce passage si l'on pensait qu'il est permis d'outrager les juges qui commettent de pareils abus de pouvoir. Aussitôt qu'il fut averti, Saint-Paul s'excusa dans ces termes: « Mes frères, je ne savais pas que ce fût le souverain sacrificateur ; car il est écrit : Tu ne maudiras pas le prince de ton peuple. » (1)

Nous pouvons donc le dire, le commentaire en action que Jésus-Christ et ses apôtres ont donné à leur enseignement est aussi clair que leurs paroles : Ils n'ont jamais, et en aucun cas, autorisé à repousser la violence par la violence, *pour la défense de soi-même.*

Sur quoi s'appuient donc ceux qui soutiennent que le christianisme n'a rien changé au vieux droit aveugle et barbare qu'on admettait chez tous les peuples, avant Jésus-Christ? —Sur les textes sacrés?—Mais ils sont con-

---

(1) Actes XXIII, 2 et 5.—Minùs intelligentibus convicium sonat, intelligentibus vero prophetia est. (Saint-Augustin, l. 1, ad serm. dom. in monte) — Ananias fut tué peu de temps après, dans une faction, dont son propre fils était le chef.—(Joseph, l. 2, de bell. ch. 32).

tr'eux! — Sur les exemples de Jésus-Christ et de ses apôtres? — Mais ils les condamnent!

Il est difficile d'échapper à l'étreinte de cette double démonstration.

Toutefois, ceux qui prétendent que le droit de légitime défense de soi-même, tel qu'il était reconnu dans l'antiquité, a été maintenu par l'Evangile, se retranchent dans une dernière objection.

Tout cela, disent-ils, peut être admis, à la rigueur, si l'on veut se borner à dire que la loi chrétienne interdit de repousser une simple injure par des injures—publiques ou non publiques,— et même de repousser des coups par des coups, lorsqu'il est évident, d'ailleurs, que ces coups ne peuvent mettre la vie en danger,— comme, par exemple, quand on reçoit un soufflet.

Mais que faudra-t-il décider si la personne attaquée est en danger de perdre la vie? N'admettra-t-on pas, dans ce cas, une exception au principe qui interdit de repousser la violence par la violence? Faudra-t-il, par exemple, que la personne ainsi attaquée se laisse tuer plutôt que de tuer un injuste agresseur? Est-ce qu'il est possible d'interpréter ainsi la pensée de Jésus-Christ et de ses apôtres?

Ces questions sont graves, et nous allons

laisser les pères de l'Église et les docteurs les plus illustres *des premiers siècles*, répondre eux-mêmes.

§ III.

Est-il permis, d'après l'Évangile, de tuer un injuste agresseur, pour ne pas être tué : opinion des pères de l'Église des premiers siècles.

Vers la fin du IIe siècle après Jésus-Christ, Tertullien, en prenant la défense des chrétiens devant l'Empereur Septime-Sévère, écrivait : « à quelle guerre ne serions nous pas propres, — mêmes inégaux en forces,—nous qui nous laissons tuer si volontiers, *si, d'après cette loi, il n'était pas plutôt permis d'être tué que de tuer ?* » (1)

Tertullien semble dire que la législation chrétienne ne permet pas de tuer, pour ne pas être tué, ou pour sauver sa propre vie : mais cette opinion n'est pas encore assez développée pour dissiper tous les doutes.

Interrogeons Origène.

Dans son ouvrage contre Celse, Origène dit :

---

(1)—Si, apud istam disciplinam, magis occidi liceret quàm occidere. (Apologet, § 37).

« Nous défions Celse et ses partisans d'articuler contre les chrétiens un seul fait séditieux. D'abord, si c'était la sédition qui eût donné naissance à une société de chrétiens issus des Juifs, auxquels il était permis de se défendre par les armes et de tuer leurs adversaires, assurément le législateur des chrétiens ne leur aurait pas interdit, *d'une manière absolue, d'ôter la vie à aucun homme,* et il n'aurait pas enseigné que ses disciples ne peuvent *jamais justement* employer la violence contre un homme, *quoiqu'il fût le plus injuste des hommes,* car il ne convenait pas, selon lui, à des lois divines comme les siennes, *de permettre le meurtre d'un homme, de quelque manière que ce fût.* D'ailleurs, des chrétiens dont l'origine aurait remonté à une sédition, n'auraient jamais consenti à recevoir des lois si pacifiques, *qui les obligent à se laisser égorger comme des agneaux, sans leur permettre de repousser leurs persécuteurs.* » (1).

Ici, la pensée s'accuse davantage.

---

(1) Certè non prohibuisset *omnino* ullam hominis occisionem, nec docuisset vim homini *nunquàm* justè inferri posse, quamvis injustissimo. — Non putabat divinis suis legibus permitti cædem hominis qualis cumque tandem esset. — μηδέποτε ἀμύνασθαι τοὺς διώκοντας. (Orig. c. cels. l. III, § 7).

Ce qu'il importe de bien relever, c'est que, — d'après Origène, — le législateur des chrétiens a interdit, *d'une manière absolue,* d'ôter la vie à aucun homme, ou, comme il le répète lui-même, dans d'autres termes, de tuer un homme, *de quelque manière que ce soit.* Pour ne donner lieu à aucune équivoque, il affirme que, d'après l'enseignement de Jésus-Christ lui-même, il ne peut être jamais permis d'employer la violence contre un homme, quand même il serait le plus injuste des hommes, et par conséquent, quand même il serait un injuste agresseur. Enfin, selon lui, le chrétien ne doit faire qu'une chose : se laisser égorger comme un agneau, — s'il le faut,—plutôt que de recourir à la violence, pour repousser la violence.

Cette opinion peut paraître excessive, mais il est au moins impossible de nier qu'Origène ne l'ait exprimée : La traduction de ce passage a été revue sur le texte grec et la version latine, et elle reproduit, mot à mot, le langage de l'auteur.

Il faut nous résigner à trouver souvent, *dans les pères de l'église des premiers siècles,* des opinions fort différentes des notres sur des questions capitales : Plus rapprochés que nous des apôtres, plus pénétrés de leurs traditions et de leurs exemples, (*et plus coura-*

geux peut-être !) ils ne craignaient pas de choquer les idées de leur temps, pour répandre ce qu'ils croyaient être la vérité.

Au surplus, l'idée qu'un chrétien doit se faire tuer plutôt que de tuer, pour sauver sa propre vie, n'est pas, assurément, une idée dangereuse, et si on ne l'accepte pas, on ne peut pas s'en offenser.

Nous venons d'entendre Tertullien et Origène : Ecoutons Saint-Cyprien :

« Il ne faut pas, dit-il, repousser par des coups ceux qui portent des coups, parcequ'il n'est pas permis aux *innocents de tuer même celui qui nuit, mais il faut être prêt à donner son sang et sa vie.* » (1)

Saint-Cyprien n'était pas un homme vulgaire.

Il appartenait à une famille riche et illustre, et donnait des leçons d'éloquence à Carthage, lorsqu'il embrassa le Christianisme, vers l'an 246 de l'ère chrétienne. On le cite comme une des lumières de l'Église, et ses écrits ont une grande autorité : Comme Origène, il pose le principe qu'un chrétien *doit se laisser tuer*

---

(1)....nec repugnare contrà impugnantes, cùm occidere innocentibus nec nocentem liceat, sed prompti et animas et sanguinem tradere. (lettre 57).

plutôt que de tuer: on voit qu'il fait allusion à ces mots de l'apôtre Saint-Jean: « Nous avons connu la charité, en ce que Jésus-Christ a mis sa vie pour nous: *nous devons donc aussi mettre notre vie pour nos frères.* (1)

Une opinion qui s'appuie déjà sur de pareilles autorités ne doit pas, sans doute, être critiquée légèrement: mais que faudra-t-il dire, si nous entendons un homme comme Saint-Basile-le-Grand, parler comme Saint-Cyprien, et dire que celui qui tue, *en se défendant*, est un homicide?

Voici ce qu'il a écrit dans une de ses lettres *canoniques*, à Amphiloque: « celui qui a donné un coup mortel à son prochain est *un homicide*, soit qu'il ait commencé à frapper, *soit qu'il se soit défendu !* » (2)

Ici, la question qui nous occupe est résolue avec une précision devant laquelle il n'est pas possible de contester: Tout homme qui tue, même *en se défendant*, est un meur-

---

(1) Et nos debemus pro fratribus *animam ponere* (Saint-Jean, ch. 3, v. 16).

(2) Qui mortis ictum dedit proximo, est homicida sive percutere incepit, sive *sese defendit*—ἢ ἠμύνατο (Canon 43, Epit. 199).

trier; d'où la conséquence qu'il n'est jamais permis de repousser la violence par la violence, *même pour sauver sa propre vie.*

Saint-Basile-le-Grand avait été avocat avant d'être évêque, et il connaissait le droit Romain aussi bien et mieux que nous : On ne peut donc pas dire qu'il n'avait pas suffisamment mesuré la portée de cette règle, et comme il n'admettait aucune exception, il faut dire que—comme tous ceux que nous avons précédemment cités,—il ne permettait pas de tuer, même *pour sauver sa propre vie.*

Mais, jusqu'à présent, Tertullien, Origène, Saint-Cyprien, Saint-Basile, ont résolu la question par la question : Ils ont dit qu'il n'était pas permis de tuer pour ne pas être tué, mais ils n'ont pas donné la raison de cette opinion. Quelle est cette raison ? Sur quel fondement philosophique repose la loi de Jésus-Christ qui interdit de résister à ceux qui font du mal ? Pourquoi cette loi n'admet-elle aucune exception ?

C'est Lactance qui va répondre à ces questions.

On ne peut pas, — dit Lactance, — être tout à la fois juste et insensé, sage et injuste. Celui qui est insensé ne sait pas ce qui est juste et bon, et voilà pourquoi il commet si souvent le mal ; mais celui qui est juste s'abstient de faire le mal, et il ne pourrait agir autrement, que s'il n'avait pas la notion du bien et du mal. Celui-là donc n'est pas un insensé qui ne s'épargne pas lui même, afin de ne pas nuire à autrui, parceque nuire à autrui est un mal que font les animaux dépourvus de la notion du juste? *Ils nuisent à autrui, afin de se servir*, parcequ'ils ne savent pas que nuire est un mal. Mais l'homme, qui a la science du bien et du mal, *s'abstient de nuire, même en se faisant tort à lui même,* ce qu'un animal *irraisonnable* ne peut pas faire. Il résulte de là qu'un homme, vraiment sage et sensé, *aime mieux périr que de nuire à autrui,* afin de garder et de respecter inviolablement la justice, qui le distingue des animaux.

Après avoir éclairci ces premières idées, Lactance discute l'opinion de Cicéron qui avait dit que l'homme de bien est celui qui sert tous ceux qu'il peut servir, *à moins qu'il ne soit provoqué par une injure.*

« O quelle vérité, simple et claire, s'écrie Lactance, Cicéron a corrompue, en y mettant cette restriction? Qu'était-il besoin d'ajouter: *à moins qu'il ne soit provoqué par une injure? Quoi? l'homme de bien pourra nuire parce qu'il est attaqué?* Mais s'il nuit, il faudra, par cela seul, qu'il perde le nom d'homme de bien, car il n'y a pas moins de mal à repousser une injure qu'à la faire; celui qui repousse une injure imite celui par lequel il a été blessé: Donc celui qui imite un méchant, ne peut en aucune manière être un homme de bien. » (1)

Tel est le raisonnement de Lactance.

Il nous paraît impossible de le renverser.

En effet, si l'on prouvait que l'homme de bien a le droit de nuire à celui qui l'attaque, sans cesser d'être un homme de bien, on prouverait, par cela même, qu'il est permis de résister à ceux qui font du mal. Ce ne serait donc pas Lactance qu'on parviendrait à convaincre d'erreur, ce serait Jésus-Christ lui-même, qui est la source de toute justice, *et la lumière de la lumière.*

Nous ne croyons pas qu'un homme, si grand qu'il soit, puisse avoir cette prétention.

Nous pourrions encore citer l'opinion de Saint-Ambroise, mais nous la réservons pour le chapître suivant.

---

(1) Quod enim opus fuerat adjungere, *nisi Lacessitus injuriâ ?.....* Nociturum esse dixit bonum virum, si fuerit *Lacessitus.* Jam ex hoc ipso boni viri nomen amittat necesse est, si *nocebit :* non enim minùs mali est *referre* injuriam qùam inferre, etc. (Lactance, liv. V ch. 18 et liv. VI, ch. 18, inst. div.).

Nous finissons par Saint-Augustin.

Saint-Augustin s'est expliqué deux fois sur cette question, et il s'est toujours rangé à l'opinion de ceux qui soutiennent qu'il n'est pas permis de tuer, en se défendant, même pour sauver sa propre vie.

La première fois qu'il s'est expliqué sur cette question, c'était en 388, à Rome, dans son ouvrage *sur le libre arbitre :* il était encore, à cette époque à ses débuts dans la vie chrétienne.

Le livre *sur le libre arbitre* est écrit sous forme de dialogue, et dès les premières pages, Saint-Augustin l'un des interlocuteurs, pose à Evodius, cette question :

— S'il n'est pas permis de tuer un homme qui veut nous tuer, ou qui veut souiller notre pudeur par la violence, que devons nous, dit-il, penser des lois qui ordonnent aux soldats de tuer l'ennemi? Oserons nous dire que ces lois sont injustes, ou plutôt qu'elles ne sont pas des lois, car une loi qui est injuste n'est pas une loi?

— Il faut, d'abord, répond Evodius, faire disparaître une confusion : la loi est à l'abri du reproche d'injustice quand elle permet *aux peuples*, qu'elle gouverne, de faire de moindres maux pour en éviter de plus grands : Ainsi, on peut obéir à une loi qui, *pour la conservation des citoyens*, commande de repousser la force par la force, et l'on peut dire autant de tous les ministres qui sont soumis aux pouvoirs réguliers. Mais dans le cas *où un homme est attaqué,* la loi ne lui *commande* pas de tuer, elle *lui en laisse seulement la faculté*, il peut donc se faire que, quoiqu'il n'y ait pas de faute dans la loi, qui commande de tuer *pour la conservation des citoyens*, il y en ait dans ceux qui tuent *pour se défendre eux-mêmes*, or, — continue Evodius, — à quoi bon tuer pour des biens qu'on peut perdre, et que, par conséquent on devrait mépriser? Peut-on tuer l'âme? Non! Pourquoi donc craindre pour le corps, la seule chose que nous puissions perdre? Peut-on tuer la pudeur? Non, puisque la pudeur réside dans l'âme; et c'est une vertu qu'aucun corrupteur ne peut ravir. Pourquoi donc tuer pour empêcher un acte exécuté par la violence, et qui ne peut souiller que celui qui l'accomplit? Ainsi, dit Evodius, je n'accuse pas la loi qui commande aux soldats de tuer les ennemis, mais je ne vois pas de quelle manière je pourrais justifier ceux qui tuent *pour se défendre.*

— Je vois encore moins pourquoi vous cherchez des raisons pour les justifier, objecte à son tour, Saint-Augustin; en effet, il n'y a pas de loi qui les regarde comme des criminels.

—Non, sans doute, répondait Evodius, si nous ne parlons que des lois faites par les hommes, mais je ne sais pas s'ils ne sont pas soumis à une loi plus forte et plus intime, en admettant qu'il soit vrai qu'il n'y ait rien, dans l'univers, que la providence divine ne gouverne. Comment, en effet, *d'après cette loi*, seraient ils exempts de péché, ceux qui, pour défendre des choses qu'il faut mépriser, se sont souillés par le meurtre d'un homme?

—*Je loue et j'approuve votre distinction*, s'écrie alors, Saint-Augustin, quoiqu'elle ne soit encore que naissante et imparfaite, parce-qu'elle est hardie, et tend à quelque chose de sublime..» & (1)

Telle est, en substance, cette première explication.

La seconde fois que Saint-Augustin expliqua cette question, c'était en 398, dans une lettre à Macédonius: dix ans s'étaient écoulés depuis son traité *du libre arbitre*, et il était, à cette époque, évêque d'Hippone. Le moment n'était pas favorable pour rappeler aux chrétiens la loi de Jésus-Christ qui défend de résister à ceux qui font du mal.

(1) Saint-Augustin, de lib. arbit. (l. 1, ch. 4).

De toutes parts, des peuplades féroces se répandaient dans les villes et dans les campagnes, en tuant, égorgeant, et maltraitant tous ceux qu'elles rencontraient, sur leur passage. Fallait-il que les simples particuliers, qui n'étaient pas obligés de combattre ces barbares dans les *rangs des armées,* se laissâssent égorger sans opposer aucune violence ?

Les chrétiens les plus fermes n'étaient pas fixés à cet égard.

Ils éprouvaient ces mouvements de férocité, que la nature a déposés au fond de tous les êtres, dès qu'il s'agit de leur conservation, et qui se réveillent avec une nouvelle violence, dans toutes les grandes calamités publiques : l'un d'eux, un Romain, qui appartenait aux plus grandes familles de l'Empire, eut l'idée de consulter Saint-Augustin sur ce qu'il fallait faire, et lui posa, entr'autres questions, la question suivante :

« Si *un chrétien* se voit au moment d'être tué par un *barbare,* ou par un Romain, doit-il, *lui chrétien, les tuer pour ne pas être tué par eux ?* Ou bien lui est-il au moins permis, de les repousser et de les combattre *sans les tuer,* parce qu'il a été dit de ne pas résister au méchant ? » (1)

(1)..... Vel si licet, *sine interfectione,* eos repellere

Saint-Augustin répondit:

« *La maxime de tuer les hommes, pour ne pas être tué, ne me plaît pas;* à moins,— PEUT ÊTRE,—qu'on ne soit soldat, ou chargé de quelque fonction publique, en sorte qu'alors on agisse, non pour soi, mais pour la cité même à laquelle on appartient, et en vertu d'un pouvoir légitime attaché à sa personne. » (1)

Voilà sa réponse à la première partie de la question:

Elle peut se résumer ainsi : je n'admets pas *qu'un simple particulier* puisse tuer, pour se défendre, alors même qu'il s'agit pour lui *de ne pas être tué*: le droit de tuer ne peut être exercé que dans un intérêt général, et encore, à cet égard, même je fais mes réserves.

Il restait à répondre à la seconde partie de la question.

---

vel repugnare, quia dictum est *non resistere malo ?* (Lettre de Saint-Augustin, t. 2, col. 109, n° 112.—Ed. des Bénéd. de St.-Maur.).

(1) De occidendis hominibus, ne ab iis quisque occidatur, non mihi placet consilium; nisi fortè sit miles, aut publicâ fonctione teneatur, ut non pro se hoc faciat, sed pro aliis, etc. (Loc. cit.)

Est-il, au moins, permis de repousser et de combattre l'agresseur *sans le tuer*? Ainsi, par exemple, est-il permis de le saisir, de le dompter, de le terrasser, de le désarmer, de paralyser ses mouvements, de le terrifier, en un mot de le réduire à l'impuissance de tuer, en employant la force, *sans, toutefois, compromettre sa vie*?

Saint-Augustin répondit :

« Quant à ceux qui sont *repoussés par quelque terreur,* afin qu'ils ne fassent pas mal, c'est *peut être* leur rendre quelque service : Il a été dit, en effet, ne résistons pas au méchant, pour que la vengeance qui repaît l'esprit du mal d'autrui, ne nous delecte pas, et non pour que nous négligions la correction des coupables. » (1)

Voilà le dernier mot de Saint-Augustin.

Toutes ces expressions ont été mûrement étudiées, et doivent être pesées avec beaucoup de soin.

Il ne dit pas : vous pouvez *combattre les barbares*, à la condition de ne pas les tuer, car il est difficile de combattre, sans s'exposer à tuer. Il ne dit même pas : vous pouvez les

---

(1) Qui vèro reppelluntur aliquo terrore, ne malè faciant, etiam ipsis aliquid fortassè prestatur..... etc. (Loc. cit.)

repousser « *par la violence* », car ce serait aller directement contre le texte de l'Évangile, qui dit de ne pas résister. Mais il propose, sous forme dubitative, une espèce de transaction, à l'aide de laquelle on pourrait concilier la loi chrétienne, qui commande de ne pas résister, avec le droit naturel, qui permet à tous les êtres de pourvoir à leur conservation: si vous les repoussez « *par quelque terreur* » c'est à dire, si vous vous bornez à les épouvanter, ou à les dominer par l'emploi de quelque moyen moral ou matériel, pour prévenir un crime, et leur laisser le temps de se repentir et de se corriger, vous ne violerez pas, *peut être*, le principe qui défend de résister.

Cette explication est très ingénieuse, et pourrait être de nature à écarter beaucoup d'objections.

En effet, la loi chrétienne,— ainsi entendue, — ne laisserait pas la personne attaquée sans aucun secours, et ne l'obligerait pas à négliger tous les moyens d'assurer son salut: elle l'autoriserait à se retrancher derrière des obstacles, à se garantir par la fuite, et même à recourir à la force, sous la condition de ne pas tuer l'agresseur.

Nous n'examinons pas encore, dans ce moment, si cette interprétation est conforme aux véritables principes du Christianisme : nous nous bornons à la faire connaître.

Il est certain que, dans les premiers siècles de l'ère chrétienne, les plus illustres docteurs de l'Église ont pensé que, non seulement il n'était pas permis, par la loi de Jésus-Christ, de repousser la violence par la violence, *pour la défense de soi-même,* mais encore qu'il n'était pas permis de tuer un injuste agresseur, même pour sauver sa propre vie.

CHAPITRE III.

De l'abolition du droit de repousser la violence par la violence, pour la défense de ses biens.

L'Evangile de Saint-Luc contient un passage qui n'a pas moins bouleversé toutes les idées du monde antique que celui de l'Évangile de Saint-Mathieu, où il est dit de ne pas résister à ceux qui font du mal.

C'est celui-ci :

« Si quelqu'un vous enlève votre manteau, ne l'empêchez pas de prendre aussi votre tunique. » (1)

Qu'est-ce que cette loi?

(1) Ab eo qui aufert tibi vestimentum, etiam tunicam noli prohibere. (Saint-Luc V 29).

C'est l'application, en matière de défense de ses biens, des principes que Jésus-Christ vient de poser, en matière de défense de soi-même.

Il a déjà dit de ne pas résister à ceux qui nous font du mal : il dit, ici, de ne pas résister à ceux qui nous dépouillent. Il a déjà dit que si on nous frappe sur la joue droite, il faut être prêt à nous laisser frapper sur la joue gauche : il dit, ici, que si on nous enlève notre manteau, il faut être prêt à nous laisser dépouiller de notre tunique.

Pour bien comprendre le sens de ces derniers mots, il faut savoir que, du temps de Jésus-Christ, le costume des Juifs,—comme de beaucoup de peuples de l'Orient, — se composait de deux parties : d'une tunique qui enveloppait le corps jusqu'aux pieds, et d'un manteau qui se drapait sur l'épaule gauche, et laissait les mouvements du bras droit entièrement libres : En disant qu'après nous être laissé dépouiller de notre manteau, il faut aussi nous laisser dépouiller de notre tunique, Jésus-Christ veut donc faire comprendre qu'il faut être prêt à se laisser dépouiller non seulement des choses superflues, mais encore des choses nécessaires.

Il ne distingue pas si le voleur commet ce vol pendant *la nuit*, ou s'il le commet pendant *le jour,* dans une maison, ou hors d'une maison, avec violences, ou seulement par ruse: Il dit, d'une manière générale et absolue: *ne lui résistez pas!*

Mais si Jésus-Christ interdit de résister à ceux qui nous dépouillent, c'est à dire d'employer la violence pour défendre nos biens, il est évident qu'il interdit de tuer les voleurs, car on ne peut pas tuer les voleurs sans employer la violence: Il est donc certain que, sous la loi de Jésus-Christ, il n'est pas plus permis de tuer les voleurs *de nuit*, que de tuer les voleurs *avec violences.*

Et comment pourrait-il en être autrement?

La conservation des biens n'est-elle pas moins précieuse que la conservation du corps et de la vie? S'il est interdit de tuer pour la conservation de son corps et de sa vie, comment serait il permis de tuer pour la conservation de ses biens? Le corps et la vie ne sont-ils pas le principal, et les biens ne sont ils pas l'accessoire? Mais s'il est interdit de tuer pour le principal, comment serait-il permis de tuer pour l'accessoire?

On voit donc que, par ces seules paroles, Jésus-Christ a bouleversé toutes les législations et toutes les coutumes qui permettaient d'employer la violence pour la défense de ses biens, et qu'il a fait, dans cette matière, une réforme aussi profonde que celle qu'il avait faite, pour la défense de soi-même.

Cette explication pourrait être très bonne, —si elle était exacte.

Est-elle exacte ?

Ici, encore, nous allons laisser parler les pères de l'Église des premiers siècles de l'ère chrétienne, et il nous suffira de citer, pour le moment, Saint-Basile-le-Grand et Saint-Ambroise.

Dans une des épîtres canoniques de St-Basile à Amphiloque, on lit la règle suivante: « ceux qui, *pour repousser l'attaque des voleurs*, se précipitent sur eux, s'ils sont laïques, sont privés de la communion, et s'ils sont clercs, sont dégradés; car il est écrit: tous ceux qui se serviront de l'épée, périront par l'épée. (1)

Cette règle contient la solution que nous cherchons.

Saint-Basile suppose qu'un voleur attaque une personne pour la dépouiller, et que cette

---

(1) Qui in latrones ex adverso feruntur, si sunt quidem laici, à boni communione arcentur ; si vero clerici, à gradu dijiciuntur. Quisquis enim, inquit, gladium accepit gladio peribit. αντεπεξιοντεσ, — invadenti hostiliter occurrentes. —(Can. 59. Epit. 217, Can. III).

personne voulant défendre non seulement son corps ou sa vie, mais sa bourse ou ses vêtements, a recours à la violence, et il décide que, dans ce cas, ceux qui font partie du clergé doivent être chassés de ses rangs, et que ceux qui sont simplement laïques, doivent être privés de la communion, parce que tous ceux qui font appel à la violence périssent par la violence, et que, toute espèce de violence doit être bannie parmi les hommes, d'après la législation de Jésus-Christ.

Il importe de bien remarquer que Saint-Basile ne fait aucune exception en faveur des voleurs de nuit, ou des voleurs qui pillent avec des armes apparentes ou cachées, dans les maisons, ou hors des maisons.

Saint-Ambroise est un des anciens pères de l'Église qui a laissé les commentaires les plus développés et les plus lumineux sur toutes les questions qui concernent la défense de soi-même et de ses biens, en général.

Dans son commentaire sur Saint-Luc, il éclaircit d'abord une difficulté qui a dû se présenter, souvent, à l'esprit de ceux qui ont médité les textes de l'Évangile.

Saint-Luc rapporte que, la veille de sa passion, Jésus-Christ dit à ses disciples : « Lorsque je vous ai envoyés sans bourse, sans sac, et sans souliers, avez-vous manqué de quelque chose? Et ils répondirent : de rien! Mais maintenant, leur dit-il, que celui qui a une bourse la prenne, et de même, celui qui a un sac : et que celui qui n'a point d'épée, vende sa robe, et en achète une! Car je vous dis qu'il faut que cette parole, qui est écrite, soit accomplie en moi, savoir : il a été mis au rang des malfaiteurs; et les choses qui ont été prédites de moi vont arriver. Et ils dirent : — Seigneur voici deux épées; mais il leur dit: —*C'est assez!*» (1)

En lisant ces passages de Saint-Luc, on se demande pourquoi Jésus-Chrit ordonne à ses disciples de vendre leurs robes pour acheter *des épées*, s'il n'est pas permis d'avoir des armes pour se défendre? Saint-Ambroise se pose lui-même cette question, et il y répond avec une justesse, dont il est impossible de ne pas être frappé.

« O Seigneur, s'écrie-t-il, pourquoi, me commandez-vous d'acheter une épée, vous qui nous défendez de frapper? Pourquoi m'ordonnez-vous d'avoir ce que je ne puis pas tirer? Si ce n'est, peut-être, pour que la défense soit prête, et que la vengeance ne

(1) At ille dixit eis: satis est (St.-Luc XXII 35 et s.)

soit pas nécessaire, pour montrer qu'on a pu se venger, mais qu'on ne l'a pas voulu? Il est vrai que la loi de Moyse ne défend pas de frapper, et c'est peut-être la raison pour laquelle Jésus dit à Pierre, lorsqu'il lui montrait deux épées : c'est assez ! — comme s'il avait voulu dire qu'il était permis de frapper jusqu'à l'Evangile, (et non depuis), et nous apprendre que la loi réglait la justice, mais que l'Evangile exige la perfection de la bonté. Cela paraît injuste à plusieurs, et pourtant le Seigneur n'est pas injuste, lui qui, lorsqu'il pouvait se venger, a mieux aimé être immolé. » (1)

Saint-Ambroise se sert inexactement, ici, du mot : *se venger*, au lieu du mot : *se défendre*, mais son explication est trop claire pour nécessiter des développements. Il se rapproche de Saint-Augustin. Il permet de s'armer pour tenir les malfaiteurs en respect, mais non pour les tuer, pour les blesser ou les frapper.

---

(1) Nisi forté ut sit parata defensio, non ultio necessaria, et videatur potuisse vindicari, sed noluisse... quasi licuerit *usquè ad evangelium*, ut sit in lege æquitatis eruditio, in evangelio bonitatis perfectio. (Saint-Ambroise, liv. X, in Luc. cap. de Sacculo et perâ tollend.)

Après avoir éclairci cette difficulté, le savant docteur aborde la question de savoir s'il est permis, sous l'Evangile, de repousser une injure, en général, par une injure, et voici comment il s'explique, sur ce premier point, dans son *traité des devoirs*:

— « Le premier devoir de la justice, dit-il, nous semble très mal établi par les philosophes. En effet, ils disent que la première preuve de la justice est de ne nuire à personne, *à moins qu'on ne soit provoqué par quelque injure*: cela est repoussé par l'autorité de l'Evangile. L'écriture veut, en eflet, que nous ayons en nous l'esprit du fils de l'homme qui est venu nous apprendre à faire grâce, non à faire injure. » (1)

Plus loin, il discute la question de savoir s'il est permis, sous l'Évangile, de sauver sa vie, par la mort d'autrui, et il s'exprime ainsi :

« Il y en a qui demandent si un sage,

---

(1).....ut nemini noceat, *nisi lacessitus injuriâ, quod evangelii auctoritate vacuatur.* Vult enim scriptura ut sit in nobis spiritus filii hominis qui venit conferre gratiam,non inferre injuriam (Saint-Ambroise, de offic. liv. 1, ch. 28.)—in lege retributio est, in evangelio gratia. (Saint-Jérome, comm. sur Saint-Mathieu.)

qui a fait naufrage, peut arracher à un insensé, qui a fait naufrage comme lui, la planche sur laquelle il s'est placé. Quoiqu'il paraisse préférable, d'après l'opinion commune, que le sage plutôt que l'insensé échappe au naufrage, cependant, il me semble qu'un *chrétien, un homme juste et sage, ne doit pas chercher à conserver sa vie par la mort d'autrui*; de manière que, lors même qu'il tomberait entre les mains d'un voleur armé (latronem armatum), si le voleur le frappe, il ne peut point repousser les coups par des coups, de peur qu'en défendant sa vie, il ne souille la charité. Nous en avons une preuve manifeste et évidente dans les livres de l'Évangile, où il est dit : « Remets ton épée dans le fourreau, car celui qui frappe avec l'épée sera frappé par l'épée. » Quel voleur plus détestable que le persécuteur qui vient pour mettre à mort Jésus-Christ? Mais Jésus-Christ ne voulut pas *qu'on le défendit en blessant le persécuteur,* lui qui, par la blessure qu'il reçut, voulut sauver tout le monde. (1)

(1)....ferientem referire non possit. De quo in evangelii libris *aperta et evidens sententia est*.... quis latro detestabilior quam persecutor qui venit ut christum occideret ? Sed noluit se christus persecutorem *defendi* vulnere, qui voluit suo vulnere omnes sanare..... (Saint-Ambroise, liv. 3, ch. 4).

Ainsi, selon Saint-Ambroise, un chrétien ne doit jamais chercher à conserver sa vie par la mort d'autrui, même quand sa vie serait très précieuse, et que la vie de celui qu'il faudrait tuer, pour échapper à la mort, n'aurait aucun prix. Pour lui cette opinion ne peut pas faire un doute, et il déclare que le sens de l'Évangile, sur ce point, est *évident et manifeste* (aperta et evidens). Il se sert, cette fois, de l'expression exacte, et dit que Jésus-Christ a mieux aimé mourir que de permettre qu'on le « *défendit,* » en blessant le persécuteur.

Jamais il n'a varié sur cette déclaration de principes.

C'est ainsi qu'il s'est exprimé quand il a parlé des devoirs des prêtres, dans le même ouvrage dont nous venons de parler : « Que la devise du prêtre soit constamment de ne nuire à personne, *même lorsqu'il est attaqué ou offensé par quelque injure.* » (1)

C'est ainsi qu'il s'est encore exprimé, en parlant de lui-même dans son discours contre Auxence : « je pourrai me plaindre, dit-il, je pourrai pleurer, je pourrai gémir ;

---

(1) Ut nulli noceat, *ne Lacessitus quidem*, et aliquà injuriâ offensus, (liv. 3, ch. 59).

contre les armes, contre les soldats, et les Goths, mes pleurs sont mes armes, telles sont, en effet, les défenses des prêtres, *je ne puis pas, je ne dois pas résister autrement.* » (1)

Essayons de résumer, en quelques mots, toutes les idées de Saint-Ambroise sur cette matière.

Il est complètement d'accord avec Tertullien, Origène, Lactance, Saint-Basile, et Saint-Augustin lui même.

Il pense que Jésus-Christ a interdit de repousser par la violence non seulement ceux qui font du mal, mais encore ceux qui dépouillent.

Il croit qu'on peut prendre des armes pour les arrêter par la crainte, mais qu'on ne doit pas se servir de ces armes contr'eux, même quand il s'agirait d'éviter la mort, ou la perte de ses biens.

Dans son opinion, un chrétien ne peut jamais avoir le droit de nuire ou de faire une injure à personne, même lorsqu'il est attaqué, et lorsqu'il ne fait que se défendre.

(1) Coactus repugnare non novi...adversùs arma, milites, gothos que, lacrymæ meæ arma sunt. Talia sunt enim munimenta sacerdotum. Aliter nec debeo, nec possum resistere. (Orat. cont. Auxen. § 32.)

En un mot, il n'admet la défense de soi-même et de ses biens, sous l'Évangile, qu'à la condition de ne pas tuer, de ne pas blesser, de ne pas frapper, de ne pas même injurier l'agresseur ou le voleur!

Ce sont là, — évidemment, — les véritables principes de l'Évangile.

Mais Jésus-Christ ne s'est pas borné à dire de ne pas employer la violence contre ceux qui nous dépouillent : d'après le même Évangile de Saint-Luc, il a dit encore de ne pas redemander les biens qui nous sont enlevés.

Voici ces paroles :

« Donnez à tout homme qui vous demande, et si quelqu'un vous enlève des choses qui sont à vous, ne les redemandez pas. » (1)

Quoi donc ?

Il ne suffira pas qu'un chrétien s'abstienne de tuer un voleur de nuit, dans sa propre maison, ou un voleur de jour qui le dépouille avec violences ; il faudra qu'il s'abstienne encore de redemander ce qu'on lui a volé ? Il faudra qu'il voie le voleur s'emparer audacieusement de ce qui lui appartient, et qu'il se condamne à garder le silence ?

---

(1) Omni autem petenti te, tribue; et qui aufert quæ tua sunt, ne repetas. (Saint-Luc VI. 30.)

Il manquera de vêtements et de nourriture, et il faudra qu'il supporte la faim et la nudité, sans rien dire?

Avant de protester, il faut entendre.

L'évangéliste Saint-Luc n'aurait pas écrit ces paroles si Jésus-Christ ne les avait pas prononcées, et Jésus-Christ ne les aurait pas prononcées, si elles n'avaient pas été conformes à la justice: Il a donné assez de preuves d'une sagesse surnaturelle pour qu'on puisse avoir confiance dans ce qu'il a dit.

Cette loi nous paraîtrait très juste, et nous pourrions l'appliquer contre les voleurs, si nous pouvions avoir une société complètement organisée suivant les principes de l'Evangile: c'est ce que le sauveur du monde nous a expliqué lui-même.

Ecoutons ses explications:

« Ne soyez point en souci, disant: que mangerons nous? que boirons nous? de quoi serons nous vêtus? car ce sont les païens qui disent ces choses, et votre père céleste sait que vous en avez besoin: *mais cherchez, d'abord, le règne de Dieu, et sa justice, et toutes ces choses vous seront données par surcroit.* » (1)

---

(1) Saint-Mathieu VI, 32, 33.

Méditons bien ces derniers mots, et nous comprendrons ce qui nous avait paru, d'abord, impossible de comprendre.

Si la société dans laquelle nous vivons, pouvait être complètement organisée suivant les principes de l'Evangile, personne ne manquerait du nécessaire: Tous ceux qui seraient en état de travailler, travailleraient; ceux qui seraient dans l'abondance, ne refuseraient pas de secourir les honnêtes gens qui sont dans le besoin; et jamais un chrétien ne resterait dans le denuement, lorsqu'il aurait été dépouillé par les voleurs.

C'est ainsi que ce texte a été compris par Saint-Jean-Chrysostôme, et qu'il devait l'être.

« Quoi donc? s'écrie-t-il, abandonnerai-je ma tunique, et irai-je tout nu par la ville ? »

Et il répondait :

« Nous ne serions jamais nus, *si nous étions fidèles à ces règles*, et nous serions même plus richement parés que ne le peuvent être toutes les personnes du monde: D'abord il ne se trouverait personne qui voulût nous offenser, si nous étions dans cette disposition, et, quand il se trouverait quelqu'un assez barbare et assez brutal pour nous traiter de la sorte, nous en trouverions une infinité d'autres qui, admirant notre vertu, nous couvrivraient non seulement de leurs habits, mais de leurs corps même, s'il était possible. *Ne regardons pas comme impossibles les commandements de Dieu, qui, au contraire, nous sont très utiles et très aisés, si nous veillons sur nous mêmes.* » (1)

Sans doute, il n'est pas possible d'exiger, dans l'état de la civilisation actuelle, qu'une personne qui a été victime d'un vol ne redemande rien aux voleurs, même par les voies pacifiques et régulières. Mais ce que l'Evangile veut, et ce qu'il est possible d'exiger, *c'est qu'elle ne redemande rien avec violences,* c'est à dire en tuant ceux qui sont venus pour la dépouiller.

C'est une conclusion pratique à laquelle on pourrait très bien arriver.

Mais, dira-t-on, l'Evrangile prend bien des précautions pour épargner les voleurs....

Nous ne jugeons pas l'Evangile: nous citons.

D'ailleurs, l'Evangile punit très sévèrement les voleurs, ainsi qu'on le verra, quand nous étudierons le droit pénal: Il suffit de faire remarquer, quant à présent, que ce n'est pas à la personne dépouillée, mais à la société qu'appartient le droit de punir.

---

(1) St-Chrysost. homel. XVIII sur le ch. V de St-Math.

Tout ce que nous avons voulu prouver, dans ce chapître, c'est que, — sous l'empire de la législation chrétienne, — il est interdit de repousser la violence par la violence pour la défense de ses biens, comme pour la défense de soi-même.

A cet égard, nous pouvons dire que notre preuve est complète.

Non seulement nous avons cité des textes formels qui interdisent de résister à ceux qui nous dépouillent, mais nous avons fait remarquer que s'il est interdit de tuer pour sauver sa propre vie, il doit être encore bien plus interdit de tuer pour sauver des choses fugitives et périssables, qu'un être pénétré du sentiment de son immortalité, devrait mépriser.

Jésus-Christ nous l'a dit lui-même :

« La vie n'est-elle pas plus que la nourriture, et le corps n'est-il pas plus que le vêtement ? » (1)

(1) Nonne anima plus est quam esca, et corpus plus quam vestimentum? (Saint-Matth. VI. 25).

CHAPITRE IV.

De l'abolition du droit de tuer, de blesser, ou de frapper, dans les combats volontaires.

S'il est un principe hors de controverse, dans la science du droit, c'est que les lois postérieures ne dérogent pas aux lois antérieures, à moins qu'elles ne soient contraires. Jésus-Christ a confirmé implicitement ce principe, quand il a dit qu'il n'était pas venu *abolir* la loi de Moyse, mais *l'accomplir,* et qu'un seul iota et un seul trait de lettre ne serait pas effacé de cette loi, jusqu'à ce que la terre et le ciel eûssent passé, et que tout fût accompli. (1)

(1) Amen dico vobis donec transeat cælum et terra

Il est donc certain que,—d'après les déclarations de Jésus-Christ lui-même, — la loi postérieure du nouveau Testament n'a dérogé à la loi antérieure de Moyse, que dans les cas où elle est contraire, et que, par conséquent, la loi de Moyse est restée obligatoire pour les chrétiens, comme elle l'était, autrefois, pour les hébreux, dans tous les cas où elle n'a pas été abrogée.

Il est également certain que lorsque la loi postérieure du nouveau Testament a dérogé à la loi de Moyse, elle ne l'a fait que pour *l'accomplir,* c'est à dire pour la compléter, pour la rapprocher de la perfection, pour la rendre plus digne de gouverner des créatures faites à l'image de Dieu, et destinées à vivre d'une vie immatérielle, qui ne doit plus finir.

« Tout ce que Jésus-Christ a dit dans l'Evangile, — fait remarquer Saint-Jean-Chrysostôme, — n'est point *l'abrogation*, mais plutôt l'extension et l'accomplissement de la loi ancienne : Par exemple, le précepte de ne pas tuer, non seulement n'est pas abrogé, mais il est même perfectionné et

---

iota unum aut unus apex non prætcribit à lege, donec omnia fiant. (Matth. V. 18)t

fortifié, par celui qu'il fait de ne point se mettre en colère: on peut dire la même chose des autres préceptes. » (1)

Comment donc un jurisconsulte doit-il procéder, pour résoudre, logiquement et sûrement, une question de droit qui lui est soumise, sur l'ancien et le nouveau Testament?

Son premier soin doit être de rechercher comment la question proposée a été résolue par la loi de Moyse, soit en vertu d'un texte formel, (s'il en existe), soit en vertu d'une coutume ou d'une jurisprudence bien établies; et, quand il a trouvé cette solution, il n'a plus qu'une chose à faire, c'est de reconnaître que cette loi, ou cette coutume, est encore obligatoire pour les chrétiens, à moins que le nouveau testament ne l'ait remplacée par une disposition plus conforme à la perfection chrétienne.

Il n'y a pas d'autre alternative.

Suivons cette méthode de raisonnement, et recherchons, d'abord, si les combats du ceste, les combats de gladiateurs, les combats

(1) Neque enim erat abrogatio priorum; sed extensio et complementum erant ea quæ dicebantur. (hom. 16 sur Saint-Mathieu, ch. 5).

des hommes contre des bêtes féroces, et généralement tous les combats meurtriers offerts, à titre de spectacles, à la curiosité publique, sont permis sous l'Evangile.

Nous interrogerons, d'abord, la loi de Moyse.

Nous nous souvenons que lorsque le père d'Hérode, sous le règne duquel Jésus-Christ fut crucifié, voulut introduire, en Judée, les combats d'athlètes et de gladiateurs, une indignation universelle s'empara de la nation, parce que, —dit l'historien Josèphe,— « *cette coutume était contraire aux mœurs des Juifs, et n'avait jamais été reçue par leurs ancêtres.* (1)

Nous pouvons déjà dire que cette coutume n'a pas été abolie par le nouveau Testament, et que les combats du ceste, les combats d'athlètes, et les combats de gladiateurs doivent être interdits, sous le christianisme, comme ils étaient interdits sous la loi de Moyse.

Comment, en effet, ce qui était considéré, chez les hébreux, comme une impiété envers Dieu, et un attentat contre la dignité de l'homme, pourrait-il être considéré comme

---

(1) Voy. Suprà, page 79.

innocent et licite, parmi les chrétiens, dont la législation est plus parfaite que celle des Hébreux ?

En effet, si nous ouvrons les ouvrages de Saint-Justin, de Tatien, de Tertullien, d'Athénagore, de Saint-Clément d'Alexandrie, de Théophile d'Antioche, d'Octavius Félix, de Lactance, de Saint-Augustin, et de tous les pères de l'Eglise *des premiers siècles*, nous voyons que tous ces écrivains sont unanimes, pour soutenir cette opinion.

Tous s'efforcent de prouver qu'il est interdit, non seulement de combattre ou de faire combattre, dans les cirques et dans les amphithéatres, mais même d'assister à ces combats, parce que, — disent-ils, — regarder le meurtre, c'est, en quelque sorte, le commettre ou s'y associer.

Nous ne pouvons pas insérer, ici, les extraîts de ces auteurs : nous nous bornons à les indiquer. (1)

---

(1) Cum præsertim, nec gladiatorum lusus spectare nobis liceat, *ne participes et conscii cœdium fiamus.* (Saint-Justin, ad autolyc, l. 3, § 15.) Nos autem, cùm homicidium spectare penè idem esse arbitremur ac perpetrare, nuntium his spectaculis remisimus. (Athénog. leg. pro Christ, § 36.) Tatien, contrà grœcos, § 23. — Tertullien, de spectac, § 25. —

Recherchons, maintenant, si le nouveau testament n'a pas perfectionné cette coutume, et, s'il est permis, sous l'Evangile, de tuer, de blesser ou de frapper, *dans les combats volontaires*, en général?

Nous nous souvenons qu'il existait, dans l'Exode, un texte relatif à l'homicide commis, aux blessures faites, ou aux coups portés *dans les rixes*.

La loi décidait que celui qui tuait son adversaire, dans une rixe, devait être puni de la peine de mort; cette loi décidait encore que celui qui blessait ou frappait son adversaire, dans une rixe, de manière à lui faire garder le lit, devait réparer le préjudice qu'il avait causé, — alors même que, dans ces deux cas, l'auteur de l'homicide ou des coups et blessures n'aurait fait que repousser une agression.

Nous pouvons déjà dire que Jésus-Christ n'a pas aboli cette loi de Moyse, et que, par suite, celui qui tue, blesse ou frappe son adversaire, même dans des combats volontaires, ne peut jamais être innocent.

Saint-Clément d'Alex. (Stromates, l. 5, ch. 12). — Théophile d'Antioche, à Autolyc, l. 3. — Octav. Felix, § 28.—Lactance, de divin. instit. l. 6, ch. 20.—Saint-Augustin, cité de Dieu, l. 9, ch. 14.—

Jésus-Christ a interdit de résister à ceux qui font du mal: Il a interdit à ses disciples de se battre avec les malfaiteurs qui venaient, pendant la nuit, sans l'autorité de la justice, pour le prendre: Comment aurait-il pu déclarer que l'homicide ou les coups et blessures volontaires déjà punissables, dans le cas de rixe, par la loi de Moyse, auraient été innocents!

La vie humaine était-elle moins précieuse aux yeux de Jésus-Christ qu'aux yeux de Moyse?

Mais l'équivoque n'est pas possible.

Nous allons citer les textes mêmes de l'Evangile et les canons des apôtres, qui condamnent le droit de tuer, de blesser ou de frapper, dans les combats volontaires.

Saint-Paul a dit, contrairement à l'opinion de toute l'antiquité payenne, que « *l'homme ne s'appartient pas à lui-même*, mais qu'il appartient à Dieu, dans son corps et dans son esprit. » (1)

C'est parce que l'homme ne s'appartient pas à lui-même, qu'il lui a été interdit, par le christianisme, de se vendre, de se suici-

(1) Et non estis vestri? etc. (1, cor, v. 19, 20).

der, de se mutiler, de se marquer, de se défigurer, de se prostituer. (1)

Comment donc un chrétien pourrait-il consentir à se faire tuer, dans un combat volontaire, lui qui n'a pas le droit de disposer de sa propre vie? Comment pourrait-il consentir à se faire mutiler ou blesser, dans ces combats, lui qui n'a pas le droit de se mutiler ou de se blesser, ni même de se défigurer volontairement ?

Un pareil consentement serait radicalement nul, dans ce cas, et rien ne pourrait effacer le caractère criminel de l'homicide, des coups et blessures.

Mais voici le texte des canons des apôtres:

« Si quelque clerc, frappant quelqu'un, *dans un combat*, l'a tué, d'un seul coup, qu'il soit déposé à cause de sa témérité: si c'est un laïque qu'il soit séparé! (2)

---

(1) V. tome 1, 2, 3 et 4, du droit payen et du droit chrétien.

(2) Ει τισ κλῆρικοσ, εν μαχῆ τινα χρουσασ, απὸ τοῦ ενοσχρουσματοῦ αποχθεινοι, καθαιρειθῶ, διὰ τῆν προπεθειαν αυτοῦ; ει δε λαικοσ είῆ, αφοριξετω —

— Si quis clericus, in pugnâ pulsans aliquem uno ictu occiderit, deponatur, propter temeritatem ejus; si autem laicus est separetur. (Canon 64).

(Les mots d'un seul coup n'existent pas dans quel-

Il ne s'agit plus, ici, d'une rixe: Il s'agit *d'un combat*, volontaire ou involontaire; un seul coup suffit pour rendre coupable celui qui frappe, et l'auteur de l'homicide, quelqu'il soit, est puni des peines spirituelles qui sont indiquées.

Telle est la loi chrétienne!

Aussi voyons nous que les pères de l'église *des premiers siècles* ont toujours enseigné que les combats volontaires, de quelque nature qu'ils fûssent, devaient être interdits.

Tertullien allait jusqu'à dire qu'il fallait chasser les maîtres d'escrime de l'église. (1)

Saint-Jean-Chrysostôme, qui est mort l'an 407 de l'ère chrétienne, s'élevait avec une si grande éloquence contre ceux qui combattent les uns contre les autres, et *contre ceux qui assistent à ces combats*, que nous croyons devoir citer ses paroles:

« Vous voyez, dit-il, des personnes se déchirer par des injures, se meurtrir de coups, se défigurer le visage, et vous pouvez vous arrêter pour les regarder en paix: Est-ce

---

ques éditions. Il est clair, du reste, que s'il tue, de plusieurs coups, il est encore plus homicide.)

(1) Homicidii interdictio ostendit mihi Lanistam quoque *ab ecclesiâ arceri*. (Tertull. de idolatriâ, § XI.)

donc un ours qui se bat? Est-ce un serpent, une bête farouche? N'est-ce pas un homme semblable à vous? Ne les regardez donc pas, mais séparez les! Ne prenez pas plaisir à les voir, mais tâchez de les reconcilier. N'attirez pas les autres à ce spectacle honteux, mais chassez les, renvoyez les! C'est l'affaire des impudents et des oisifs, des méchants et des insensés, de se réjouir de pareilles calamités: vous voyez un homme qui agit honteusement, et vous ne remarquez pas que vous faites de même! Vous ne vous jetez pas au milieu d'eux, pour prévenir les périls et la mort des hommes? Vous me direz peut-être: Voulez-vous donc que je reçoive des coups moi-même? Vous n'auriez, sans doute, rien à souffrir; mais quand cela arriverait, ces souffrances vous tiendraient lieu du martyre, parce que vous auriez souffert pour Dieu. Si vous craignez d'être blessé, considérez que votre sauveur a bien voulu être crucifié pour vous.......Je m'adresse à vous, maintenant, qui osez outrager votre frère devant tout le monde. Dites moi, vous qui portez des coups, vous frappez avec les pieds, vous mordez? Etes vous un sanglier ou un tigre? Ne rougissez vous point de quitter la douceur naturelle de l'homme pour prendre la fureur des bêtes sauvages?

Si vous êtes pauvre, vous êtes néanmoins libre, si vous êtes un artisan, vous ne laissez pas d'être *chrétien !* & » (1)

Nous pouvons donc affirmer que, le droit de tuer, de blesser ou de frapper, *dans les combats volontaires*, qui était reconnu par toutes les lois payennes, est inconciliable avec les principes de l'Evangile, et a été aboli, pour la première fois, dans le monde, par le christianisme.

Si ceux qui avaient, autrefois, la force et le pouvoir, n'avaient pas ignoré ou négligé d'appliquer les véritables principes du christianisme, dans ces matières, les combats du ceste, les combats des gladiateurs, les spectacles des combats d'hommes contre les animaux, et les combats particuliers, n'auraient pas été tolérés si longtemps dans les sociétés chrétiennes !

Mais le christianisme qui a interdit les combats d'homme à homme, ou les combats particuliers, a-t-il permis les combats de peuple à peuple, ou les guerres ?

---

(1) Homel. 15 de Saint-Jean-Chrysostôme sur Saint-Mathieu, ch. V.

C'est une question beaucoup plus grave encore, et que nous devons étudier dans un chapitre particulier.

CHAPITRE V.

De l'abolition des guerres.

Pour connaître la véritable pensée du christianisme sur la guerre, il faut étudier :

Les lois de Moyse ;

Les prophéties ;

Le nouveau Testament ;

Les pères de l'Église *des premiers siècles.*

Cette étude peut être condensée en quelques pages.

§ I.

Les lois de Moyse.

Il ne faut pas oublier que les lois de Moyse ont été rédigées quinze cents ans, environ, avant Jésus-Christ, et qu'à cette époque, les peuples se livraient des guerres presque continuelles, non seulement pour s'emparer des territoires de leurs ennemis, mais pour réduire les vaincus en esclavage.

Si l'auteur de ces lois avait interdit aux Hébreux de faire la guerre, même pour défendre leur indépendance nationale, après leur établissement dans la terre de Chanaan, il les aurait condamnés à disparaître bientôt, de la scène du monde, sous l'invasion des peuplades barbares qui les environnaient : Les lois qu'il avait données, dans le désert, seraient tombées dans l'oubli, et le christianisme lui-même aurait péri dans son germe.

Mais s'il entrait, dans le plan qu'il avait conçu, de préparer la suppression des guerres, il pouvait, au moins, enseigner aux Hébreux qu'il n'est pas permis de répandre des torrents de sang humain, dans des vues d'agrandissement et de conquête, de détruire pour le plaisir de détruire, de commettre des dévastations sans profit, et de réduire des populations inoffensives en esclavage : Il pouvait, surtout, commencer à leur faire comprendre qu'un homme ne peut jamais être pur devant Dieu, quand il tue son semblable, même dans des guerres nécessaires.

C'est ce que l'auteur de ces lois avait fait.

En ordonnant de laisser libres les Israëlites qui ne voudraient pas combattre, il avait rendu impossibles les guerres qui n'auraient pas été entreprises dans un intérêt général, et approuvées par la nation; en défendant d'incendier les villes et les campagnes, de maltraiter les prisonniers, après le combat, de dépouiller les morts, de détruire les arbres fruitiers, et même les autres arbres dont la destruction n'était pas indispensable au succès des opérations militaires, il avait introduit, dans les armées Israëlites, un esprit d'humanité qui n'était pas moins caractéristique que l'esprit d'obéissance volontaire.

Mais il y a quelques autres dispositions qui doivent inspirer encore plus d'admiration, s'il est possible : ce sont celles qui commandent de proposer la paix avant de recourir aux armes, de laisser la vie et la liberté à ceux qui se soumettent, et de se purifier, après la victoire, parceque la victoire par le meurtre ne peut jamais être une victoire pure devant Dieu !

En résumé, les lois de Moyse n'interdisaient pas la guerre, mais elles en atténuaient déjà les horreurs, et faisaient naître, dans les âmes, des répugnances qui devaient les rendre plus difficiles.

§ II.

Les prophéties.

Sept cents ans après Moyse, et huit cents ans, environ, avant Jésus-Christ, apparait Isaïe, le premier des quatre grands prophètes Hébreux.

Isaïe prédit formellement la naissance du Christ à Bethléem, la promulgation de la loi nouvelle à Jérusalem, la dispersion des Juifs, et l'établissement de la paix définitive, sous le règne de celui qui doit être appelé le Dieu de la paix, le prince de la paix.

Voici ses paroles :

« *Dans les derniers temps*, (in novissimis diebus,) la montagne sur laquelle se bâtira la maison du Seigneur sera fondée sur le haut des monts, et elle s'élèvera au dessus des collines. Toutes les nations y accourront en foule, et plusieurs peuples y viendront, en disant : Allons, montons à la montagne du Seigneur, et à la maison du Dieu de Jacob. Il nous enseignera ses voies, et nous marcherons dans ses sentiers, parceque la loi sortira de Sion et la parole du Seigneur de Jérusalem. Il jugera les nations et il convaincra d'erreur plusieurs peuples. *Ils forgeront de leurs épées des socs de charrue, et de leurs lances des faulx. Un peuple ne tirera plus l'épée contre un peuple, et ils ne s'exerceront plus*, à l'avenir, *au combat.* » (1)

Plus loin, il ajoute :

« Un petit enfant nous est né, et un fils nous a été donné : Il portera sur son épaule la marque de sa principauté. Il sera appelé l'admirable, le conseiller, Dieu, le fort, le père du siècle futur, *le prince de la paix.* Son empire s'étendra de plus en plus, *et la paix qu'il établira n'aura point de fin.* Il s'assoiera sur le trône de David, et il possédera son royaume pour l'affermir et le fortifier dans l'équité et dans la justice, depuis ce temps jusqu'à jamais. Le zèle du Seigneur des armées fera ce que je dis. » (2)

Quelques années après Isaïe, arrive le prophète Osée, qui occupe le premier rang parmi les douze petits prophètes.

Après avoir annoncé les châtiments que Dieu infligerait aux Israëlites, parcequ'ils se deshonoraient par le culte des idoles, il s'exprime ainsi :

---

(1) Conflabunt gladios suos in vomeres, et lanceas suas in falces. Non levabit gens contra gentem gladium, nec exercebuntur ultrà ad prœlium. (Isaïe II, 2, 3 et 5).

(2) Et pacis non erit finis. (Isaïe IX, 6, 7).

« En ce temps là, j'établirai une alliance entre eux et les animaux du ciel et de la terre : *j'anéantirai de la terre l'arc, le glaive, et la guerre*, et je les ferai dormir dans une entière assurance. Alors je vous lierai à moi par une *alliance éternelle*, par une alliance de justice et de jugement, de compassion et de miséricorde. » (1)

Enfin, nous arrivons à Michée qui prophétise, six cents ans seulement avant Jésus-Christ, et qui occupe le sixième rang, dans les exemplaires hébreux, parmi les douze petits prophètes.

Après avoir prédit, que Sion serait labourée comme un champ, et que Jérusalem serait réduite en un monceau de pierres, Michée, lui-même, répète, presque mot pour mot, la prophétie d'Isaïe.

« Mais, *dans les derniers temps*, (in novissimis diebus), la montagne sur lequelle se bâtira la maison du Seigneur sera fondée sur le haut des monts : elle s'élèvera sur le haut des collines, et les peuples s'y rassembleront. Des nations nombreuses se hâteront d'y venir, en disant : Allons à la montagne du Seigneur et à la maison du Dieu de Jacob : Il nous enseignera

(1).....Et arcum, et gladium, *et bellum*, *conteram* de terrâ : et sponsabo te mihi in æternum. (Osée, ch. 2, 18, 19).

ses voies, et nous marcherons dans ses sentiers. Parceque la loi sortira de Sion et la parole du Seigneur de Jérusalem. Il exercera son jugement sur plusieurs peuples, et il chatiera des nations puissantes, dans des pays lointains. *Ils feront de leurs épées des socs de charrue, et de leurs lances des instruments pour remuer la terre. Une nation ne prendra plus l'épée contre une nation, et elles n'apprendront plus, dans l'avenir, à faire la guerre.* L'homme se reposera sous sa vigne, ou sous son figuier, et n'aura plus rien à craindre : c'est ce que le Seigneur des armées a dit de sa bouche. » (1)

Telles sont les prophéties.

Jésus-Christ est né à Bethléem.

La loi nouvelle est sortie de Sion.

Jérusalem a été détruite.

Les Juifs sont dispersés.

Mais ces paroles : « *un peuple ne tirera plus l'épée contre un peuple, et ils ne s'exerceront plus, à l'aveuir, au combat.* » n'ont pas encore reçu leur accomplissement.

Depuis les prophètes jusqu'à Jésus-Christ, et depuis Jésus-Christ jusqu'à nos jours, on

---

(1) Et concident gladios suos in vomeres, et hastas suos in ligones : non sumet gens adversùs gentem gladium, *et non discent ultrà belligerare...* (Michée, v. 1, 2, 3, 4).

n'a pas encore vu une paix *qui n'ait pas eu de fin*; et, pour rappeler les paroles de Michée, « Dieu n'a pas encore anéanti, sur la terre, l'arc, le glaive et la guerre! »

§ III.

Le nouveau Testament.

C'est sous l'impression de ces lois de Moyse et de ces prophéties que le nouveau Testament a été écrit: on peut dire que ce qui ressort *de l'ensemble de tous les textes*, c'est que les guerres seront supprimées parmi les nations chrétiennes, conformément aux prophéties.

Quel est, d'après l'évangéliste Saint-Luc, la mission de Saint-Jean-Baptiste?

C'est de préparer les esprits à l'arrivée de Jésus-Christ, d'éclairer ceux qui étaient assis dans les ténèbres et les ombres de la mort, « *et de diriger leurs pas dans le chemin de la paix.* » (1)

Quel est le bruit qui se répand, à la naissance de Jésus-Christ?

On entend, de toutes parts, dans le ciel et

(1) Ad dirigendos pedes nostros *in viam pacis.* (St.-Luc, 1. 79).

sur la terre, des voix qui crient : « gloire à Dieu, dans les hauteurs des cieux, PAIX SUR LA TERRE, et bonne volonté parmi les hommes. » (1)

Quel est le premier mot de Jésus-Christ, quand il commence son enseignement ?

« Ne croyez pas, dit-il, que je sois venu abolir *la loi, ou les prophètes :* je ne suis pas venu les abolir, mais les accomplir ! » (2)

Deux conséquences découlent irrésistiblement de ce principe.

La première conséquence, c'est que la loi de Moyse qui déclarait impurs ceux qui tuent, *à la guerre, n'a pas été abolie.*

Sans doute, depuis que Jésus-Christ a dit que le temps était venu d'adorer Dieu *en esprit et en vérité*, la partie cérémonielle du culte hébraïque a disparu. Les formes extérieures, les figures, les symboles, les représentations matérielles, qui étaient nécessaires pour fixer l'esprit d'un peuple encore charnel, ont fait place aux pures conceptions de

---

(1) Gloria in altissimis deo, *in terra Pax*. et in hominibus bona voluntas. L'original grec, de Saint-Luc, porte ces mots dont on trouve une variante dans la vulgate. (Saint-Luc, 11. 14).

(2) Nolite putare quoniam veni solvere legem aut *prophetas* ; non veni solvere, sed adimplere. (Math. v. 17).

l'esprit, et il ne peut pas être plus question, aujourd'hui, de purifier ceux qui tuent à la guerre, *avec l'ancienne eau d'expiation*, qu'il ne peut être question d'immoler à Dieu des animaux, ou de faire fumer, sur l'autel, la graisse des victimes : mais si l'eau d'expiation n'est plus nécessaire, aujourd'hui, la cause qui en avait fait établir l'usage, — autrefois, — n'a pas cessé d'exister. L'antique parenté qui unissait tous les hommes n'a pas été supprimée, et les homicides commis dans les guerres, qui n'étaient pas exempts de faute, *sous la loi de Moyse*, ne sont pas devenus innocents, *sous la loi de Jésus-Christ*.

La seconde conséquence, c'est que les prophéties qui annoncent la fin des guerres, sous le christianisme, *n'ont pas été abolies*.

Sans doute, Jésus-Christ a dit : « je ne suis pas venu apporter *la paix* sur la terre : Je suis venu apporter, non la paix, *mais le glaive*. » (1)

Mais il suffit de lire tout le chapitre X de St-Mathieu, où ces paroles se trouvent rapportées, pour reconnaître qu'elles ont été dites dans un ordre d'idées tout à fait différent, et

(1) Nolite arbitrari quia *pacem* venerim mittere in terram ; non veni pacem mittere sed *gladium*. (Saint-Mathieu, X, 34).

qu'elles ne signifient pas que les guerres existeront *toujours* sur la terre.

Jésus-Christ venait de choisir ses douze apôtres : Il venait de leur recommander de parcourir la Judée, de guérir les malades, et d'annoncer « *que le règne de Dieu s'était approché.* » (1)

Après leur avoir donné cette mission, il leur expliquait que la prédication de sa doctrine aurait, *d'abord,* pour résultat, d'attirer sur eux des persécutions, de susciter des troubles, et d'amener des déchirements jusque dans le sein des familles.

C'est sous l'empire de ces idées qu'il ajoutait : « je ne suis pas venu apporter la paix, mais le glaive, *car* je suis venu mettre la division entre le fils et le père, entre la fille et la mère, entre la belle-fille et la belle-mère, et on aura pour ennemis ses propres domestiques. » (2)

On voit que Jésus-Christ annonçait des évènements qui devaient arriver, mais qu'il n'avait nullement l'intention de dire que cet état de choses se perpétuerait jusqu'à la fin du monde.

---

(1) Dicentes : quia *appropinquavit* regnum cælorum. (Saint-Mathieu, X, 7).

(2) Saint-Mathieu, X, 35, 36).

Il disait, en effet, que le règne de Dieu *s'était approché*, mais il se gardait bien de dire que le règne de Dieu *était venu*, ou qu'il devait prochainement arriver.

La preuve que Jésus-Christ n'a pas contredit les prophéties, en parlant ainsi, c'est que, depuis ce moment, jusqu'à celui où il a quitté, pour la dernière fois, ses disciples, il n'a jamais cessé de témoigner de sa volonté d'établir la paix.

Ainsi, il a d'abord ordonné à ses disciples de remettre le glaive au fourreau, et déclaré que ceux qui se serviraient du glaive périraient par le glaive, afin de leur faire comprendre que les triomphes fondés sur la violence ne peuvent avoir qu'une durée éphémère.

Ensuite, il n'a cessé de proclamer qu'il voulait *la paix*, que ce qu'il laissait à ses disciples c'était *la paix*, et que ce qu'il leur recommaudait, en les quittant, c'était *la paix*.

Dans son discours après la Cène, il a dit : « *Je vous laisse la paix :* je vous donne *la paix* : je ne vous la donne pas, comme le monde la donne ; mais que votre cœur ne se trouble point ! » (1)

---

(1) Pacem relinquo vobis : pacem meam do vobis. (Saint-Jean XIV, 27).

Il semble que nous l'entendons dire :

Mon règne doit être le règne de la paix : les prophètes m'appellent *le prince de la paix*, et je vous laisse, en effet, la paix, non pour ce temps de fureurs et de troubles, qu'il faudra, d'abord, traverser, mais pour les temps qui sont marqués. La paix que je vous laisse, et que j'appelle *ma paix*, ne sera pas établie, parmi les nations chrétiennes, par la terreur et la violence, comme celle qui règne dans le monde ; mais elle sera établie, comme l'ont annoncé les prophètes, « par la justice, par la compassion et par la miséricorde. »

Enfin, après sa résurrection, avant de quitter, pour la dernière fois, ceux qui devaient répandre sa doctrine, dans le monde, il leur répétait encore : « *que la paix soit avec vous* ! » (1)

Ses apôtres sont toujours restés fidèles à ces ordres.

Il est à remarquer que, lorsqu'ils parlaient de Dieu, ils ne l'appelaient plus *le Dieu des armées*, comme on l'appelait, sous l'ancien Testament, ils ne le désignaient plus que sous le nom *de Dieu de la paix*. (2)

---

(1) *Pax vobis* ! (Saint-Luc XXIV, 36).

(2) Rom. XV, 33, XVI, 20. — I, Corinthi, XIV, 33,

Saint-Paul écrivait lui-même :

« Quoique nous vivions dans la chair, nous *ne combattons pas selon la chair: les armes de notre milice ne sont pas charnelles.* Mais elles sont puissantes, par la vertu de Dieu, pour détruire les forteresses. » (1)

Mais il faut bien prendre garde d'altérer, même avec de bonnes intentions, le véritable sens des Écritures : laissons donc maintenant, la loi de Moyse, les prophéties, les textes du nouveau Testament, et recherchons ce que les chrétiens les plus érudits, les plus pénétrants, et les plus vertueux *des premiers siècles* de l'Église chrétienne, ont pensé sur cette question si grave et si délicate de l'abolition des guerres.

§ IV.

Les pères de l'Église des premiers siècles.

Pour ne pas nous écarter des devoirs de fidélité et de bonne foi que nous devons nous imposer, nous recueillerons *mot-à-mot* les déclarations des pères de l'Église, jusqu'au cinquième siècle, et nous suivrons l'ordre des dates.

Hébreux, XIII, 20.—gratia vobis et pax adimpleatur in cognitione dei, et Christi Jesu, domini nostri. (Saint-Pierre, épit. cath., t. 2.)

(1) Non secundum carnem *militamus*. (2, cor. X, 3, 4).

Dans son traité *de l'adolatric*, Tertullien se demande, d'abord, « si un chrétien peut entrer dans l'armée, et si l'on peut admettre dans l'Eglise un militaire, même en caliges, c'est-à-dire un simple soldat, qui ne se trouve jamais dans la nécessité de juger, et de condamner à mort. »

Il répond ainsi :

« Il n'y a, — dit-il, — aucun rapprochement possible entre le pacte divin et le pacte humain, entre la bannière du Christ et la bannière du diable, entre le camp de la lumière, et le camp des ténèbres. La même vie ne peut pas être due à deux maîtres, à Dieu, et à César. Sans doute, Moyse porta la verge ; Aaron ceignit la cuirasse; Jean revêtit le baudrier ; Jésus, fils de Navé, conduisit une armée ; le peuple de Dieu lui-même fit la guerre, si vous aimez à disputer,...mais comment le soldat combattra-t-il? comment, même dans la paix, portera-t-il les armes, lui qui n'a pas d'épée? *Or, le Seigneur a brisé l'épée.* Il est bien vrai que les soldats se rendirent auprès de Jean, et reçurent de sa bouche la règle qu'il fallait observer. Il est bien vrai que le centurion eut la foi : mais toujours est-il, — après cela, — que le Seigneur, en désarmant Pierre, a désarmé tous les soldats : rien de ce qui sert à un acte

12

illicite, n'est licite chez nous. » (1)

Le raisonnement de Tertullien peut se résumer ainsi: pour soutenir que la guerre est permise, sous le christianisme, on ne peut pas invoquer les exemples tirés de l'ancienne loi, sous l'empire de laquelle le peuple de Dieu a fait la guerre; on ne peut pas davantage invoquer, la réponse faite par Saint-Jean-Baptiste, aux gens qui étaient venus lui demander ce qu'ils avaient à faire, ni les paroles de Jésus-Christ au centurion. Il y a un fait qui domine tout, et qu'il n'est pas possible d'écarter: c'est que le Seigneur a brisé le glaive entre les mains de Saint-Pierre, et qu'en désarmant Saint-Pierre, *il a désarmé tous les soldats.* Il semble voir, dans ce fait, l'accomplissement de la prophétie de Michée: « *J'anéantiaai de la terre, l'arc, le glaive, et la guerre* », et il en conclut formellement que la guerre n'est plus permise, sous l'Évangile.

Dans son livre sur *la couronne du soldat*, il n'est pas moins affirmatif: il consacre un chapître à démontrer l'incompatibilité absolue des devoirs de l'homme de guerre avec les

---

(1) Quomodo autem bellabit, imo quomodo etiam in pace militabit sine gladio, quem *dominus abstulit?... omnem posteà militem dominus in petro exarmando discinxit..* (de idolatriâ § 19, traduct. de M. de Genoude).

devoirs du chrétien, qui est, avant tout, *l'homme de la paix*, et il s'exprime ainsi :

« Sera-t-il permis de faire profession des armes, lorsque notre Dieu a dit que celui qui se servira du glaive, périra par le glaive? Le fils de la paix ira-t-il au combat, lui à qui il n'est pas seulement permis de plaider? Fera-t-il souffrir à autrui la prison, les supplices, lui qui ne peut venger ses propres injures?—S'enrôler aux bandes des ténèbres, venant de celles de la lumière, c'est transgresser. Autre chose est de ceux qui étaient soldats avant d'être chrétiens, comme ceux que Jean-Baptiste approuve, et le fidèle centurion que Pierre catéchise, pourvu qu'après avoir reçu la foi, et s'être soumis à l'Évangile, on quitte cet état, comme plusieurs ont fait. Jamais un chrétien ne peut être que chrétien, en quelque lieu qu'il soit : Il n'y a qu'un Évangile, qu'un Jésus-Christ. » (1)

Dans ce passage, Tertullien donne un nouvel éclaircissement qu'il importe de recueillir.

On comprend, dit-il, qu'on prenne le métier des armes, quand on ne connaît pas l'Évan-

---

(1) Licebit in gladio conversari, domino pronunciante gladio periturum qui gladio fuerit usus? Et *prælio operabitur filius pacis*, cui nec litigare conveniet? etc. (De coronâ militis, § XI,—trad. de M. de Genonde).

gile. Mais quand, ayant déjà pris la profession des armes, on s'est pénétré de l'esprit de l'Évangile, qui est l'Évangile *de la paix,* et qu'on a voulu se soumettre sérieusement à la loi de Jésus-Christ, il faut quitter le service militaire, au moins dès qu'on le peut. Le chrétien est le *fils de la paix*, et ne peut être que le *fils de la paix.*

Enfin, dans son traité *contre les Juifs*, il met très bien en lumière la différence qui existe entre l'ancienne et la nouvelle loi :

« La loi ancienne, dit-il, se maintenait par la sanction du glaive: elle arrachait œil pour œil, et rendait outrage pour outrage. La loi nouvelle, au contraire, promettait la miséricorde, apprenait aux amis de la guerre à devenir les amis de la loi (nouvelle), et convertissait les hostilités violentes en actes pacifiques, destinés à cultiver et à féconder la terre. » (1)

On voit, par ces textes, que Tertullien s'appuie tout à la fois sur les prophéties et sur l'Évangile, pour soutenir que la guerre n'est plus permise, entre les nations chrétiennes, il importe de remarquer qu'il appelle les chrétiens: *les fils de la paix.*

---

(1) Tertull. (Contrà judæos § 3.—Traduct. de M. de Genoude).

Tertullien est mort, vers l'an 216 de l'ère chrétienne.

Après Tertullien, vient Origène.

Dans son traité *contre Celse*, qui est considéré, à juste titre, comme le meilleur de ses ouvrages, Origène établit que les chrétiens ont pour mission de réaliser les prophéties sur l'abolition de la guerre.

« A ceux, dit-il, qui nous demandent d'où nous venons, et quel est notre chef, nous répondons que nous avons avons été appelés par les ordres de Jésus, et que nous venons pour transformer en socs de charrue les épées, dont nous nous servions auparavant pour *faire des guerres* ou commettre des violences, et que nous convertissons en faulx les lances, avec lesquelles nous frappions nos ennemis. Maintenant, ajoute-t-il, nous ne prenons plus les armes contre aucune nation, et nous n'apprenons plus à faire la guerre. Nous sommes devenus *les fils de la paix*, par Jésus, que nous prenons pour chef, *et nous avons abondonné toutes ces choses qui avaient été admises par nos pères.* » (1)

(1).... Nec enim jam contra gentem ullam arma capimus, nec bellum gerere discimus, facti *filii pacis* per jesum, quem sequimur ducem, *relictis illis omnibus, quibus adheserunt patres nostri* Orig. lib. 5 § 33. (Edit. des Bénéd. de St.-Maur.)

Dans un autre passage du même traité, il s'appuie sur des exemples tirés des religions même du paganisme, pour montrer que les chrétiens ne doivent pas faire la guerre.

« A ceux, dit-il, qui, — étrangers à notre foi, — nous demandent de prendre les armes pour la cause commune, et d'égorger des hommes, nous pouvons encore répondre : Les prêtres attachés au culte de vos simulacres et à la garde de vos temples conservent leurs mains pures, afin que les sacrifices qu'ils offrent à vos Dieux ne partent pas de mains souillées par le sang et le meurtre. Jamais, quelle que soit la guerre qui s'élève, vous ne les enrôlez dans votre milice. Si cette coutume est fondée sur la raison, n'est-il pas plus raisonnable encore que *les chrétiens*,— alors que les autres font la guerre sur le champ de bataille,—prennent les armes en ministres et en sacrificateurs du Dieu véritable, gardant leurs mains exemptes de toute souillure ?» (1)

Enfin, dans un dernier passage, il va jusqu'à dire que les chrétiens auraient refusé d combattre, si on avait voulu les y contraindre :

« Nous combattons, dit-il, mieux que per-

(1) Origène contre Celse, (trad. de M. de Genoude).

sonne pour le salut de l'Empereur. Sans doute nous ne servons pas sous les drapeaux : *nous ne le ferions pas, même quand il nous y contraindrait.* Mais nous portons les armes, pour lui, dans les camps de la piété, que nous fortifions par les prières que nous adressons à Dieu. » (1)

Ce qu'il y a de remarquable dans ces déclarations d'Origène, c'est qu'elles indiquent *une coutume* établie, parmi les chrétiens des premiers siècles, de s'abstenir de la guerre, et de la regarder comme contraire aux devoirs qu'impose la loi de Jésus-Christ. Nous n'ignorons pas qu'un grand nombre de chrétiens servaient dans les armées Romaines, soit par nécessité, soit par ignorance du véritable esprit de l'Évangile, mais il paraît certain qu'au moins dans les églises de la Palestine, de l'Arabie, de la Phénicie, de l'Achaïe, et d'une partie de l'Orient, un grand nombre d'hommes convertis au christianisme pensaient, comme l'avait écrit Tertullien, que l'usage du glaive était devenu illicite.

Origène est mort l'an 256 de l'ère chrétienne.

---

(1) Sed et plus Cæteris pro imperatore pugnamus. *Non equidem sub illo militamus,* etiam si nos ad id cogeret...... (Orig. c. Celse, liv. 8, § 73).

Le troisième père de l'Église qui s'est expliqué, avec la même force, sur cette question, est Lactance.

Dans son grand ouvrage sur *les institutions divines*, il déclare que, sous l'Évangile, il n'y a plus aucune exception quelconque au précepte qui défend de tuer, et que par conséquent, il n'est pas permis à un chrétien de faire la guerre.

« Quand Dieu, dit-il, nous a défendu de tuer, il nous a aussi défendu non seulement de voler à main armée,—ce qui n'est pas non plus permis par les lois, — mais aussi de faire beaucoup d'autre choses qui sont permises par les lois civiles. Ainsi, il n'est pas permis à un homme juste d'aller à la guerre, parce que sa milice, à lui, c'est la vertu, ni même d'accuser quelqu'un d'un crime capital, parce qu'il n'y a aucune différence entre le fait de tuer un homme par le fer, ou de le tuer par la parole. Toute espèce de meurtre est défendu. C'est pourquoi dans ce précepte de Dieu: « vous ne tuerez point », aucune exception quelconque ne doit être faite: *Il est toujours défendu de tuer un homme, parce que Dieu a voulu qu'un homme fut un animal saint.* » (1)

---

(1)... *ita neque militare justo licebit*.... itaque in

Lactance fait, ensuite, l'application de ces principes, aux matières religieuses, et il explique combien les payens se trompent, quand ils se tuent les uns les autres, pour défendre leurs croyances, et faire respecter leurs Dieux.

— « Mais, disent-ils, il faut défendre les institutions sacrées qui sont publiquement établies? Ah! les malheureux, combien ils se trompent, avec des intentions honnêtes! Ils pensent que, dans les choses humaines, il n'y a rien de plus grand que la religion, et qu'on peut la défendre par l'extrême violence! Mais comme ils se trompent dans la religion même, ils se trompent aussi sur la manière de la défendre. Il faut défendre la religion, non en tuant, mais en mourant, non par les sévices, mais par la patience, non par le crime, mais par la foi. Le premier genre de défense est celui des méchants, le second, celui des bons; et il nécessaire, que, dans la religion, ce soit le bien que l'on fasse, et non pas le mal. Car si vous voulez la défendre par le sang, par les tourments, par le mal, elle ne sera pas défendue, elle sera

---

hoc dei precepto nullam prorsus exceptionem fieri oportet, quià occidere hominem semper nefas, quem deus sanctum animal esse voluit. (Lact. instit. div. liv. 6, ch. 20).

polluée, elle sera violée. Il n'y a rien de si volontaire que la religion. Si l'âme de celui qui sacrifie en est éloignée, elle disparait, il n'y en a plus. La véritable raison veut donc que vous défendiez la religion par la patience et par la mort. C'est de cette manière que la foi est conservée, qu'elle est agréable à Dieu, et qu'elle ajoute de l'autorité à la religion. » (1)

Un langage si noble, et si conforme à la grandeur du christianisme, ne saurait rencontrer que des admirateurs.

Ce grand philosophe chrétien est mort, l'an 325, vers l'époque de l'avènement de Constantin à l'empire d'Orient.

Nous arrivons à Saint-Basile-le-Grand.

Dans une des ses Épitres *canoniques*, le pieux évêque s'exprime ainsi :

« Les homicides commis dans des guerres n'ont pas été considérés *par nos pères* comme des homicides : ils pardonnaient, d'après ce qui me semble, *à ceux qui combattent pour la pudicité et la piété.* Cependant il serait peut être bien de leur persuader de s'abstenir eux-mêmes, pendant trois ans, de la seule

---

(1) Defenda enim religio est, *non occidendo*, sed *moriendo*, non sævitiâ, sed patientiâ, non scelere, sed fide. (Lact. instit. div. l. 5, ch. 20).

communion, *parce que leurs mains ne sont pas pures.* » (1)

Saint-Basile affirme très nettement que ceux qui commettent des homicides, dans des guerres, *n'ont pas les mains pures,* et, en cela il ne fait que reproduire la pensée de la loi de Moyse, qui obligeait déjà ceux qui tuaient à la guerre de se purifier. (2)

Saint-Basile est mort en 379.

Nous passons à Saint-Jean-Chrysostôme.

Saint-Jean-Chrysostôme commente ces paroles de Jésus-Christ: *que la paix soit avec vous!* et il démontre que la guerre n'est pas seulement contraire aux instructions de l'Eglise, mais qu'elle viole la loi de Jésus-Christ qui porte: « *ce n'est pas la volonté de mon père qu'un seul de ces petits périsse!* »

« Quand tu veux faire la guerre avec ton frère, songe que tu fais la guerre *avec les*

---

(1) Cædes in belli factas patres nostri pro cædibus non habuere. Iis, ut mihi videtur, qui pro pudicitiâ et pietate pugnant, ignoscentes. Fortassè tamen rectè suadebitur ut ipsi, *cùm manus eorum puræ non sint,* per tres annos à solà communione abstineant.—Saint-Bazile. (Epit. 182 canon 2).

(2) Voir, dans le même sens, le Concile tenu *à Rome,* en 386, et le Concile tenu à Telle, en 418. — Voir également le Canon 82 des *Canons des apôtres,* traduits par Gentianus.

membres du Christ, et cesse de te mettre en fureur. Qu'importe qu'il soit abjet, qu'il soit vil, qu'il soit méprisable ? « *Ce n'est pas,* a-t-il dit, *la volonté de mon père qu'un seul de ces petits périsse.* » (Math. XVIII. 4.) Dieu s'est fait esclave, et est mort *pour lui :* crois-tu donc que cet homme n'est rien? Aussi, c'est avec Dieu lui-même que tu combats, en portant un jugement contraire au sien. Quand celui qui préside entre à l'église, il dit : *que la paix soit avec tous!* Quand il fait un discours, ou quand il parle : *que la paix soit avec tous!* Quand il bénit : *que la paix soit avec tous!* Quand il ordonne de saluer : *que la paix soit avec tous!* Quand le sacrifice est achevé : *que la paix soit avec tous!* Et quand il se retourne de nouveau : *que la grâce et la paix soient avec vous!* Comment ne serait-il pas absurde, — lorsque nous entendons dire tant de fois que nous devons avoir la paix,—d'avoir la guerre entre nous, et de nous mettre en état de guerre avec celui-là même qui donne la paix? » (1)

Nous convenons que ce langage peut s'ap-

---

(1) Quando voles cum fratre bellum gerere, cogita te bellum gerere cum membris Christi, etc. (Saint-Chrisost. in Epist. ad coloss. cap. 1 homilia 3.)—Voir dans le même sens, Saint-Justin, 1re apol. § 39, et Saint-Cyprien, 1re lett. à Donat.

pliquer aussi bien à ceux qui se livrent des combats particuliers qu'à ceux qui font la guerre, mais il mérite d'appeler l'attention, parce qu'il montre que faire la guerre, c'est agir contre la volonté de Dieu.

Dieu ne veut pas que ses enfants périssent, parce qu'ils sont devenus *les membres du Christ.*

Ce qui fait l'erreur de ceux qui croient que la guerre est encore permise, sous l'Évangile, c'est qu'ils raisonnent comme si l'homme n'avait pas été *racheté* par Jésus-Christ : ils ne voient que *sa chûte*, et ils oublient *sa rédemption :* ils oublient, comme dit l'archevêque de Constantinople, que nous sommes devenus *les membres du Christ.*

Saint-Jean-Chrysostôme est mort en 407.

Nous finissons par Saint-Augustin.

Il ne faut pas perdre de vue qu'à l'époque où nous sommes arrivés, le monde traversait une des crises les plus terribles, dont l'histoire ait conservé le souvenir : on était à l'époque des grandes invasions des barbares.

De toutes parts, des populations féroces, innombrables, avides, affamées, se succédaient, se pressaient, s'avançaient, semant la dévastation, la ruine et la mort, sur leur passage. L'Afrique était inondée, comme l'Europe, par ces barbares, et ce qu'il y avait de plus affreux, c'est que les payens attribuaient ces invasions à l'établissement de la religion chrétienne, et à la destruction des temples du paganisme.

Fallait-il, *dans ces circonstances,* conseiller aux chrétiens de laisser incendier les villes, détruire les produits des arts et de l'industrie, égorger les enfants, les femmes, les vieillards, les infirmes, sans courir aux armes, et sans combattre ?

Telles étaient les questions redoutables qui se présentaient à l'esprit de Saint-Augustin, et il faut convenir que le moment aurait été mal choisi pour reproduire les arguments déjà répandus par les écrivains *sacrés*, dans des temps plus tranquilles. Les explications de l'évèque d'Hippone portent nécessairement la trace des angoisses qu'il éprouvait.

Vers l'an 400 de l'ère chrétienne, un manichéen, appelé Faustus, avait publié un livre dans lequel il avait reproché au peuple Israëlite les guerres sanglantes qu'il avait faites, *sous la conduite même de Moyse*, et il avait dit : « ce sont vos auteurs qui racontent ces choses ; il en résulte qu'ils ont raconté des mensonges, ou que vos pères ont commis de *véritables crimes*, c'est à vous de choisir : quant à nous, il faut, disait-il, que nous détestions les uns ou les autres, car nous haïssons autant les méchants que les menteurs. »

Saint-Augustin répondit qu'il ne fallait ni admirer ni détester les guerres faites par Moyse, et que ce dernier n'avait fait qu'obéir aux ordres de Dieu. que c'était la cruauté, l'amour de la vengeance, la soif de la domination, qu'il fallait, surtout, blâmer dans les guerres, mais qu'il y avait des guerres *nécessaires,* et qui pouvaient être faites par des hommes de bien, et il avait, cité de l'histoire de Saint-Jean-Baptiste et des deux centurions, dont il est parlé dans le nouveau Testament. (1)

L'an 412 de l'ère chrétienne, un certain Volusien s'était fait l'interprète d'un grand nombre de ses amis, en soutenant qu'il n'est pas possible, dans le monde politique et dans la vie civile, de se conduire selon les maximes du christianisme. « Comment est-il possible disait-il, de se laisser frapper quand on est frappé, ou de ne pas résister à celui qui fait du mal ?........ « *Qui est-ce qui ne cherchera pas à rendre le mal pour le mal* aux barbares qui viennent ravager les provinces de l'Empire ? » &.

Saint-Augustin répondit :

« Si la doctrine de l'Évangile condamnait absolument toutes sortes de guerres, Saint-Jean-Baptiste n'aurait point eu d'autre con-

(1) Contrà Fanstum lib. XXII, ch. 74. (en 400).

seil à donner aux soldats qui le consultaient sur ce qu'ils avaient à faire pour se sauver, que de renoncer à la profession des armes. Cependant il ne leur dit que ceci : « ne faites ni violence ni fraude à personne, mais contentez-vous de votre paye. » Or, dès lors qu'il leur ordonne de se contenter de leur paye, il est clair qu'il ne leur défend pas de porter les armes. Que ceux qui disent, ajoute-t-il, que la doctrine de Jésus-Christ est contraire au bien de la République nous donnent des armées composées de soldats tels que cette doctrine veut qu'on soit dans la profession des armes, qu'ils fassent que les peuples des provinces, les maris et les femmes, les parents les enfants, les maîtres, les esclaves, les rois, les juges, les péagers et les contribuables soient, chacun dans leur état, tels que la doctrine de Jésus-Christ les demande, et nous verrons, s'ils oseront encore dire, après cela, que cette doctrine est contraire au bien de la République. » (1)

Vers la même époque,—en 417,—un général Romain appelé Boniface, *qui défendait l'Afrique contre les Vandales,* et qui s'était converti au christianisme, voulut se retirer dans un monastère.

---

(1) Lettre 138 à Marcellin.

Saint-Augustin lui écrivit pour lui faire comprendre qu'on pouvait encore être agréable à Dieu, en exerçant la profession des armes : Il cita l'exemple de David, *sous la loi de Moyse ;* il invoqua les paroles de *Saint-Jean-Baptiste* aux soldats ; enfin, interrogeant, à son tour, le nouveau Testament, il rappela l'exemple du centurion, dont Jésus avait guéri le serviteur, et d'un autre centurion qui avait été converti par Saint-Pierre. (1)

Toutes ces réponses sont exactes.

Il est certain que les guerres étaient permises, *sous la loi de Moyse;* il est certain que, tant que les guerres n'auront pas été abolies, les guerres *défensives* peuvent être encore nécessaires, même sous l'Évangile; enfin, il est certain que ceux qui exercent le métier des armes, dans ces conditions, ne sauraient être coupables, lorsqu'ils combattent loyalement et humainement.

Mais toutes ces concessions n'empêchent pas que les guerres seront abolies, et, qu'en principe les chrétiens ne doivent pas faire la guerre,— comme les pères de l'Église des premiers siècles l'ont pensé eux-mêmes en s'appuyant sur l'Évangile.

(1) Lettre 189.

Les paroles de Saint-Jean-Baptiste aux soldats, ou de Jésus-Christ et de Saint-Pierre aux centurions, n'infirment en aucune manière cette opinion.

Des soldats viennent trouver Saint-Jean-Baptiste, et lui demandent : Que ferons nous ? Et il leur répond : « *Ne maltraitez personne, ne faites du tort à personne, et soyez contents de votre paye.* » (1)

Il ne pouvait pas tenir un autre langage.

Il pouvait recommander aux soldats de ne pas violer les lois établies, mais il n'avait pas qualité pour établir des lois nouvelles, et pour dire aux soldats de déserter leurs drapeaux. Il était le précurseur de Jésus-Christ, mais il n'était pas le libérateur attendu par les nations. Il était un prophète, mais il n'était pas un législateur.

Les arguments tirés des deux centurions n'ont pas plus de force

Le premier se trouvait à Capharnaüm

Il apprend que Jésus-Christ guérissait beaucoup de malades, et vient le trouver pour le prier de guérir son serviteur, qui était paralytique.

Jésus-Christ y consent, et comme ce centu-

(1) Neminem concutiatis, neque calumniam faciatis, et contenti estote stipendiis vestris (Luc III. 14 et suiv

rion avait montré beaucoup de foi, le divin maître se tournant vers ceux qui l'entourent, leur dit : « *en vérité, je n'ai pas trouvé une si grande foi dans Israël.* » (1)

Il est évident que ce n'est pas parceque Jésus-Christ a guéri le serviteur d'un homme de guerre, qu'on peut soutenir qu'il a voulu contredire les prophéties, et qu'il a permis la guerre.

L'autre centurion était à Césarée.

Il apprend que Saint-Pierre est à Zoppé, et l'envoie chercher pour savoir ce que Jésus-Christ avait ordonné. Saint-Pierre arrive chez lui, et lui explique, d'abord, que tous les juifs ont une grande horreur d'avoir des liaisons avec des étrangers, mais que Dieu lui a fait comprendre qu'il ne devrait considérer aucun homme comme impie ou souillé. Il raconte ensuite que Dieu a fait entendre sa parole aux enfants d'Israël, « *en leur annonçant la paix par Jésus-Christ, qui est le Seigneur de tous.* »

Il termine cet entretien en résumant la vie du divin maître, sa passion et sa résurrection. (2)

Il est évident que ce n'est pas parceque

---

(1) Saint-Mathieu III, 3 et suiv.

(2) Actes 10, 36.— *Annuntiam pacem per Jesum Christum : hic est omnium dominus.*

Saint-Pierre a dit que Jésus-Christ était venu annoncer *la paix,* qu'on peut soutenir que le chef des apôtres a légitimé *la guerre.*

Saint-Augustin savait cela mieux que personne, et il se méprenait si peu sur la véritable pensée de l'Évangile, qu'aussitôt après avoir tenu ce langage, et dans cette même lettre a Boniface, il laissait échapper ces réfléxions :

« *Plût à Dieu, que la foi fut égale dans tous les hommes : cela leur épargnerait bien des peines :* Mais comme il faut que les citoyens du Ciel soient mêlés, en ce monde, avec les impies et les sectateurs de l'erreur, afin que les bons soient éprouvés par la tentation, comme le feu éprouve l'or dans la fournaise, nous ne devons pas souhaiter, *avant le temps,* de ne vivre que parmi des justes et des saints, et il faut nous faire mériter de recevoir un si grand bienfait, DANS SON TEMPS. » (1)

Ces paroles sont pleines de sens et de sagesse, et il n'est pas possible de clore plus convenablement cette discussion.

Saint-Augustin est mort l'an 430 de l'ère chrétienne.

Telles sont les autorités imposantes que nous rencontrons parmi les pères de l'église des

---

(1) Lettre 189.

premiers siècles, en faveur de l'abolition de la guerre : la thèse que ces grands hommes ont soutenue a suscité des contradicteurs, à partir d'une certaine époque de notre histoire, mais elle ne diminuera pas, certainement, les sentiments de respect et d'admiration que le christianisme devrait inspirer à tout le monde.

Peut-on dire, toutefois, que les pères de l'Eglise *des premiers siècles* se sont trompés ?

CHAPITRE VI.

Les pères de l'Église des premiers siècles, se sont-ils trompés ?

« L'homme n'a pas compris, s'écriait le prophète David ; tandis qu'il était dans l'honneur, il s'est comparé aux animaux privés de raison, *et il s'est fait semblable à eux!* » (1)

Supposons, un instant, que cette pensée du prophète David n'ait été qu'une rêverie et une illusion, et que l'homme soit bien tel, en réalité, que nous le montre le paganisme : supposons qu'il ne soit qu'un vil produit de la terre, destiné à retourner tout entier dans

(1) Homo, cùm in honore esset, non intellexit : comparatus est jumentis insipientibus et similis factus est illis. (Ps. 48, 21).

la terre, ou à renaître dans des corps d'animaux terrestres, sans garder le souvenir de ses méthamorphoses antérieures.

Oui,—dans ce cas,—nous pouvons le proclamer avec certitude,—les pères de l'Église des premiers siècles *se sont trompés,* lorsqu'ils sont allés jusqu'à prétendre qu'il n'était pas permis de tuer un homme, même lorsqu'il s'agissait de défendre sa vie, ses biens ou son honneur.

Pourquoi,—lorsque cet homme nous attaque pour nous faire du mal,—ne pourrions nous pas le repousser par la violence, et le tuer, si cela peut être nécessaire, comme on tue un animal féroce ou un serpent, *puisqu'il est semblable aux animaux ordinaires?* Quelle raison sérieuse pourrait-on avoir, pour sacrifier sa vie, sa santé, son honneur, ses biens à la sécurité d'un animal qui n'a de l'homme que le nom, et qui montre la férocité ou la rapacité des autres animaux?

Aucun doute, *dans ce cas*, ne s'aurait s'élever, et c'est avec la plus grande justice que *toutes les lois et tous les droits* ont permis de tuer.

Mais supposons que le prophète David ait eu raison, quand il disait que l'homme était *dans l'honneur* et ne devait pas être assimilé aux animaux ordinaires : supposons que l'homme soit bien tel que nous le montre le christianisme, c'est à dire un être créé par Dieu, à son image, qui sera ressuscité par Dieu, qui est immortel, et qui n'appartient qu'à Dieu dans son corps et dans son esprit.

Peut-on affirmer, *dans ce cas*, que les pères de l'Église des premiers siècles se sont trompés?

Il suffit de faire ce simple rapprochement pour reconnaître, d'abord, qu'entre l'homme considéré à ce nouveau point de vue, et *l'homme,* tel qu'il était compris par le paganisme, il existe un abîme infranchissable, et que les mêmes principes de droit ne peuvent pas être appliqués à des créatures si différentes.

Mais quelle est, au vrai, la situation qui est faite à l'homme par le christianisme?

Nous n'avons pas à la rechercher, à l'aide d'interprétations plus ou moins ingénieuses: elle a été définie par Saint-Paul dans des termes qui ne permettent pas de discuter.

« Ne savez-vous pas, a-t-il dit,—que vous êtes *le temple de Dieu,* et que l'esprit de Dieu habite en vous : si quelqu'un *viole* le temple de Dieu, Dieu le perdra, *car le temple de Dieu est saint, et vous êtes ce temple.* » (1)

---

(1) Templum enim dei sanctum est : *quod estis vos.* (Corinth. III. 17).

Voilà cette situation parfaitement définie, et il ne nous est plus permis de la modifier.

Mais si le temple de Dieu est *inviolable* parce qu'il est saint, l'homme, qui est aussi le temple de Dieu, ne doit-il pas, dans la logique chrétienne, être considéré lui-même comme *inviolable?*

Les pères de l'Église des premiers siècles ont-ils mal raisonné quand ils ont dit que, *sous l'empire de la législation chrétienne*, aucune exception quelconque ne pouvait être faite au principe qui défend de tuer, parceque « *Dieu a voulu que l'homme fût un animal saint?* »

C'est une question que ceux qui se disent chrétiens, et qui s'inclinent devant l'autorité de l'Évangile, feront bien de méditer très longuement. Les Tertullien, les Origène, les Lactance, les Saint-Basile, les Saint-Ambroise, les Saint-Jean-Chrysostôme, les Saint-Augustin n'étaient pas des intelligences de second ordre, et leur opinion n'est pas de celles qu'on peut repousser avec dédain.

Quant à nous, nous nous bornons à poser cette question, sans avoir la témérité de la résoudre, et pour rentrer dans un ordre d'idées qui présente moins de difficultés, sans présenter moins d'intérêt, nous allons rechercher quelle a été l'influence des principes de l'Évangile, *sur le droit moderne*, dans les matières que nous examinons.

CHAPITRE VII.

État des progrès accomplis : indication des progrès qui restent à accomplir

Rien n'est plus difficile que de faire comprendre aux hommes qu'il doit leur être interdit de repousser la violence par la violence.

Depuis dix-huit siècles, ils ont eu bien de la peine à comprendre qu'ils ne devaient pas se réduire les uns les autres en esclavage, s'acheter, se vendre, se tuer, se mutiler, se marquer comme des troupeaux; se prostituer, se marier à plusieurs femmes à la fois, et les répudier ensuite, comme s'ils n'étaient pas mariés; mais ils s'habituent encore plus difficilement à l'idée qu'ils ne doivent pas injurier ceux qui les injurient, et frapper ceux qui les frappent.

De Jésus-Christ à Justinien, les changements introduits dans les lois Romaines, sous l'influence du christianisme, ne furent pas très sensibles, sur ces derniers points : toutefois, on remarque déjà que les maximes du christianisme avaient troublé les jurisconsultes.

Ulpien, qui écrivait dans le troisième siècle de l'ère chrétienne, sous Antonin-Caracalla, disait déjà que si quelqu'un tuait un voleur, dans la crainte de la mort, il ne serait pas tenu de réparer le dommage qu'il avait fait, en tuant ce voleur, « *à moins toutefois, que, pouvant le prendre, il eût mieux aimé le tuer.* » Il pensait que l'auteur d'un pareil homicide n'était innocent que « *s'il ne pouvait se défendre autrement.* »

Il avait bien soin de faire remarquer que, si tous les droits et toutes les lois permettaient de repousser la violence par la violence, c'était à la condition que ce fût bien pour *se défendre,* et non pour *se venger*; enfin, il disait formellement qu'on n'avait le droit de tuer un voleur nocturne, qu'autant qu'on n'aurait pu l'épargner, « *sans danger pour soi-même.* » (1)

---

(1) Sin autem, *cùm posset adprehendere*, maluit occidere, magis est ut injuriam fecisse videatur. (Dig.

Ces sages restrictions apportées à la rigueur des anciens principes, et qui passèrent à l'état de loi, par leur insertion aux pandectes, au commencement du VIe siècle de l'ère chrétienne, imprimèrent une heureuse impulsion à la science du droit, et entrainèrent les législateurs et les jurisconsultes, postérieurs à cette époque, dans une voie plus large et plus féconde.

Un des plus grand succès que remporta le christianisme, fut l'abolition des combats des gladiateurs : les auteurs sont partagés sur le nom de celui qui eut l'honneur d'interdire, le premier, ces jeux barbares, mais on trouve, au code, un édit de l'Empereur Constantin, daté de Béryte, en 325, et qui déclare prohiber *complètement les combats de gladiateurs*. (1)

Après Constantin et Justinien, il a fallu de longs siècles pour arriver à l'adoucissement

---

liv. 9, tit. 2, ad leg. Aquil. l. 5) qui, *cùm aliter tueri se non possunt*, damni culpam dederint, obnoxii sunt; — *si tuendi dumtaxat*, non ulciscendi causâ factum sit. (hic. loc. cit. l. 44). — *si parcere ei sine periculo suo non potuit*. (dig. liv. 48. tit. 8, ad leg. Cornel. l. 9).

(1) Cruenta spectacula, in otio civili et domesticâ quiete non placent : quapropter gladiatores esse omnino prohibemus. (Cod. liv. XI, tit. 43. loi I). — Voir les notes de Godefroid sur ce titre.

des anciennes lois payennes, sur le droit de la légitime défense de soi-même ou de ses biens, et à l'interdiction du droit de tuer dans les combats volontaires, mais les idées si nouvelles que Jésus-Christ avait apportées au monde, sur ces matières, ont fini par prévaloir presque partout.

Ainsi, pour commencer par la législation française :

1° Il n'est plus permis de repousser des injures *publiques* par des injures *publiques* : celui qui est injurié publiquement, et qui, pour se défendre, répond à l'agresseur par des injures *publiques*, est déclaré coupable par nos lois : Il doit être condamné moins sévèrement que l'agresseur, mais il doit être condamné.

Il n'y a d'exception à ce principe que lorsqu'il s'agit d'injures *non publiques*. (1)

2° Il n'est plus permis de repousser des soufflets par des soufflets, ou des coups par des coups : celui qui est frappé, et qui, *pour se défendre*, frappe à son tour l'agresseur, est déclaré lui-même coupable par nos lois, et doit être condamné : On dit, dans ce cas,

---

(1) Loi du 17 mai 1819—cassation. 5 août 1824 : 4 novembre 1812 ; 25 mars 1815 — etc. — et art 471, n° 11 du code pénal

qu'il y a eu *provocation*, et la peine doit être seulement mitigée.

Il n'y a d'exception à ce principe que lorsque *la vie ou la pudeur* de la personne attaquée sont en danger. (1)

3° Il n'est plus permis de tuer les voleurs *de nuit*, partout où ils sont surpris : Celui qui tuerait un voleur *de nuit*, dans un champ, sur une route, ou même dans un enclos non dépendant d'une habitation, est considéré comme coupable par nos lois, et devrait être condamné.

Il n'y a d'exception à ce principe que lorsqu'il s'agit de repousser, *pendant la nuit*, l'escalade ou l'effraction des clôtures, murs, ou entrée d'une maison *habitée*, ou de ses dépendances. (2)

4° Il n'est plus permis de tuer les voleurs *de jour*, qui commettent des vols avec violence, *sans attaquer directement les personnes* : Celui qui tuerait un voleur de jour, dans ces circonstances, est considéré comme coupable par nos lois, et devrait être condamné.

Il n'est plus fait d'exception à ce principe que lorsqu'on tue les auteurs de vols ou de

---

(1) Art. 321, code pénal — Jurisprudence constante

(2) Art 329 Code Pénal.

pillages exécutés avec violences. « *en se défendant soi-même.* » (1)

5° Enfin, il n'est plus permis de tuer, de blesser ou de frapper son adversaire, *dans des combats volontaires :* Celui qui tue, blesse ou frappe son adversaire, dans ces circonstances, doit être poursuivi devant les cours d'assises, dans le cas où il y a eu meurtre, ou devant les tribunaux correctionnels, dans le cas où il y a eu seulement coups et blessures.

Les duels, de quelque nature qu'ils soient, sont interdits.

Les principes de *l'Évangile*, en matière de légitime défense de soi-même et de ses biens, ont été acceptés, d'une manière encore plus complète, dans les codes de certaines parties de l'Allemagne.

Ainsi, par exemple, dans le Code Pénal de la Bavière, préparé en 1813, par Feuerbach, et qui a servi de type à tous les autres codes qui se sont succédés, depuis cette époque, dans les états germaniques, on lit les dispositions suivantes :

Art. 127 : *L'emploi de la violence*, dans l'exercice de la défense privée, *ne sera pas légitime*, lorsque la personne attaquée a le temps et la possibilité de *recourir à d'autres*

(1) Art. 328, Code Pénal.

moyens connus d'elle, pour se soustraire sans danger à l'attaque, sauvegarder sa propriété, ou déjouer, de toute autre manière, les projets de l'agresseur.

Art. 128 : « S'il y a nécessité de recourir à la violence, l'exercice de la défense privée et l'emploi de moyens dangereux ne pourront être poussés *au delà de ce qui sera nécessaire pour écarter le péril :* En conséquence : 1° l'emploi de moyens pouvant être mortels sera punissable, alors qu'il aura suffi, pour contenir ou maitriser l'agresseur, d'une simple coërcition ; 2° celui qui aura pu se garantir de l'attaque par une défense *négative*, sera punissable, s'il dirige contre le corps ou la vie de son adversaire, des moyens *offensifs* (offensiven) ; 3° il en sera de même, lorsque, pouvant porter à son agresseur une blessure non dangereuse, le défendeur l'aura blessé mortellement, ou tué. » (1)

Ces progrès ne sont-ils pas considérables ?

Ne sommes nous pas déjà bien loin du paganisme?

Ne voit-on pas apparaître, dans toutes ces dispositions, la pensée de Jésus-Christ qui commande de ne pas résister à ceux qui font du mal, de ne tuer, de ne blesser, ou de ne

(1) Code de Baviére, traduit par Ch. Wattel. 1852.

frapper personne, même dans des combats volontaires, et de ne rien redemander *avec violences,* à ceux qui nous dépouillent?

Il serait difficile de le nier.

Mais ces progrès ne s'arrêteront pas là.

Le mouvement chrétien, d'abord insensible, dans les premiers siècles, s'est accusé tous jours davantage : Il continue son cours, en se fortifiant, et finira par faire disparaître tous les débris des vieilles législations du paganisme, qui subsistent encore.

Il est facile d'entrevoir que les lois modernes sur le droit de *légitime défense,* en général, seront simplifiées.

Il arrivera une époque où nos successeurs dans la vie reconnaîtront que les distinctions si savantes, introduites dans nos codes, pour régler l'exercice de ce droit, sont inefficaces *dans la pratique,* et que le système le plus juste, le plus simple, et le plus vrai, est encore celui qui nous a été enseigné par le christianisme.

Ils diront que ceux qui tuent, en se défendant, ne doivent jamais être considérés comme *entièrement innocents,* soit parcequ'ils tuent volontairement, soit parcequ'ils tuent par maladresse, imprudence, négligence, ou défaut de précaution, et que les homicides, commis involontairement, dans ces circonstances, sont punissables, — sauf à laisser aux juges le soin de graduer la peine suivant le dégré de culpabilité du meurtrier. (1)

Il est un autre progrès qui doit encore s'accomplir : *c'est l'abolition des guerres.*

Il arrivera, très vraisemblablement, une époque où les peuples chrétiens n'iront plus s'entretuer sur des champs de bataille, et s'immoler, avec férocité, sans se haïr.

Ils reconnaîtront qu'il est possible de régler leurs différents sans recourir à la voie des armes, et, — si dignes de reconnaissance et d'admiration qu'elles puissent être, quand elles se dévouent pour la défense de la patrie et des lois, — ils supprimeront les armées, comme ils ont déjà supprimé les gladiateurs, parceque les armées n'auront plus de raison d'être.

Si des guerres offensives sont encore faites, elles ne seront plus faites qu'en violation des lois établies.

---

(1) Une pareille loi ne serait pas sans précédents.

« Au moyen âge, la défense légitime, quoique constituant une cause *d'excuse*, ne disculpait pas entièrement. Suivant le miroir de la Saxe, (liv. III 786) Celui qui tue, *en cas de légitime défense*, n'est pas déclaré traitre *(treulos)*, il n'est pas passible d'une accusation criminelle, *mais il faut qu'il se présente spontanément devant le juge, et qu'il paye un Vehrgeld élevé* »

(Notes de Ch. Wattel, sur le Code de Bavière, p. 306).

Quand cette époque viendra-t-elle ?

A ceux qui font cette demande, nous ferons la réponse que Jésus-Christ fit, autrefois, aux pharisiens.

On sait que, dans le langage de l'Évangile, *le règne de Dieu* signifie le règne de la justice, de la *paix*, et de la joie, que procure l'accomplissement du devoir et la pratique de la vertu. (1)

Un jour, les pharisiens, — qui entendaient souvent Jésus-Christ parler du règne de Dieu sur la terre,—lui demandèrent quand ce règne viendrait.

Jésus leur répondit :

« Le règne de Dieu ne viendra pas avec éclat, et on ne dira point : Il est ici, ou il est là, car *le règne de Dieu est au dedans de vous.* » (2)

Nous répondrons, à notre tour :

Cette époque viendra, parmi les peuples chrétiens, quand ils connaîtront mieux les

---

(1) Non est enim regnum dei esca et potus, sed justitia, *et pax*, et gaudium in spiritu sancto. (Rom. XIV, 17).

(2) Respondens iis dixit : non veniet regnum dei cum observatione, neque dicent : Eccè hic, aût eccè illic : Eccè, enim, *régnum dei intrà vos est* !

(St-Luc, XVIII, 20, 21).

principes du christianisme, et qu'ils voudront les *appliquer* plus sincèrement.

Tels sont les progrès qui s'accompliront dans le monde, sous l'influence de l'Évangile: Il faudra que l'Evangile disparaisse parmi les hommes, ou que toutes les institutions finissent par devenir chrétiennes.

CHAPITRE VIII.

Conclusion.

Ce n'est pas par des affirmations sans preuves, mais par des textes soigneusement vérifiés, intégralement reproduits, que nous avons cherché à faire la lumière : nous avons vu les législateurs, les jurisconsultes, les philosophes, les évangélistes, les apôtres, parler eux-mêmes devant nous, et c'est, en quelque sorte, *sous leur dictée*, que nous avons recueilli ce qu'ils *ont dit*.

De cette manière, il est impossible de se tromper, et de tromper personne.

Nous avons constaté que toutes les institutions du passé qui méconnaissaient le respect dû à Dieu, ou qui étaient fondées sur le mépris de la dignité et de l'inviolabilité humaines, *dans le cercle de la famille et de la vie privée,* ont disparu ou tendent à disparaître: Il en sera de même pour toutes les institutions du passé qui reposent sur les mêmes principes, et qui subsistent encore, *dans l'organisation de la justice.*

C'est ce que nous nous proposons de montrer, dans une sixième et dernière étude, qui sera le couronnement de ce travail.

TABLE DES MATIÈRES.

SECTION PREMIÈRE

DROIT PAYEN.

SECTION DEUXIÈME

DROIT HÉBRAIQUE

SECTION TROISIÈME

DROIT CHRÉTIEN.

Douai, imp. J. SIX, rue des Ferronniers, 64

www.ingramcontent.com/pod-product-compliance
Ingram Content Group UK Ltd.
Pitfield, Milton Keynes, MK11 3LW, UK
UKHW020321230726
13925UKWH00002B/541